미야모토 무사시의

오륜서

| **일러두기** |

1. 이 책은 미야모토 무사시의 〈오륜서(五輪書)〉(이와나미 문고, 1985)를 저본(底本)
   으로 하여 번역했다.
2. 본문 중간중간의 포인트 정리는, 〈오륜서〉에 대한 많은 현대적 해설서를 참고하여
   옮긴이가 정리한 것이다.
3. 본문 각주는 옮긴이가 붙인 것이다.

미야모토 무사시의

오륜서

미야모토 무사시 지음
안수경 옮김

사과나무

옮긴이 _ 안수경

서울에서 태어났다. 중앙대학교 일어일문과를 졸업했다. 출판 기획자로 일했고 현재는 전
문 번역가로 활동중이다. 옮긴 책으로 〈상하이人 홍콩人 베이징人〉〈역마차와 푸른 지폐〉
〈아이를 지혜롭게 꾸짖는 비결 99〉〈한손에는 논어를 한손에는 주판을〉 등이 있다.

미야모토 무사시의 오륜서

1판 1쇄 발행 2016년 03월 10일
1판 5쇄 발행 2024년 01월 10일

지은이 미야모토 무사시
옮긴이 안수경
펴낸곳 도서출판 사과나무
펴낸이 권정자
등록번호 제11-123(1996. 9. 30)
주소 경기도 고양시 덕양구 충장로 123번길 26, 301-1208

전화 (031) 978-3436
팩스 (031) 978-2835
이메일 bookpd@hanmail.net

ISBN 978-89-6726-016-3 03320
* 잘못 만들어진 책은 바꾸어드립니다.
* 책값은 뒤표지에 있습니다.

이 도서의 국립중앙도서관 출판예정도서목록(CIP)은 서지정보유통지원시스템 홈페이
지(http://seoji.nl.go.kr)와 국가자료공동목록시스템(http://www.nl.go.kr/kolisnet)에
서 이용하실 수 있습니다.(CIP제어번호: CIP2016001633)

◆ ◆ ◆

"오늘은 어제의 자신에게 이기고
내일은 한 수 아래인 자에게 이겨서
훗날에는 한 수 위인 자에게 이긴다."

경쟁사회를 살아가는 현대인에게 전하는
미야모토 무사시의 메시지

이 책은 〈A Book of Five Rings〉라는 제목으로 미국의 인터넷 서점 아마존에 경영부분 최장기 베스트셀러에 올랐던 책이다. 도대체 370년 전의 검객이 쓴 책이 오랜 동안 미국의 기업가·독자들 사이에 붐을 일으키고 있는 이유는 무엇일까.

〈오륜서〉는 미야모토 무사시(宮本武藏, 1584~1645)가 죽기 2년 전인 60세 때 써서 남긴 일종의 병법서이다. 우리의 기억 속에 전설적인 검성(劍聖)의 이미지로만 강하게 남아 있는 무사시가 〈오륜서〉라는 책을 썼다는 사실이 의외일 수도 있겠다.

그러나 그는 검객이기 이전에 서화와 조각에 능했으며 노장사상(老莊思想)에 영향을 받은, 단순한 칼잡이가 아닌 도(道)의 경지에 이른 사람이었다. 이런 사실을 알고 나면, 이 책이 왜 미국과 일본에서 '인간 완성의 서(書)'로서, 또 '인간경영'의 고전으로 높이 평가받는지 그 이유를 깨닫게 된다.

이 책 속에는 무사시의 검법정신, 철저한 자기 수련, 승리를 얻기까지의 철두철미한 전략이 고스란히 담겨 있다.

얼핏 보면 이 책의 내용이 검법과 '오로지 적을 베는' 것을 목적으로 하는 듯이 보인다. 간혹 비정하고 냉혹함마저도 느껴질 정도이다. 그러나 그 의미를 깊이 음미해보면 지금 우리의 현실을 오히려 생생히 반영해주고 있다. 하루하루가 전장터이고 먹느냐, 먹히느냐 하는 승부의 시대인 현대에 와서 '적'은 '경쟁자' 혹은 '목표'이고, '적을 벤다'는 것은 '경쟁에서 살아남는다'라고 바꾸어놓고 읽으면 너무도 그 의미가 구체적이고 합리적이어서 소름을 돋게까지 한다.

「'치는 것'과 '닿는 것'은 전혀 다르다. 친다는 것은 무엇이든 마음에 작정하고 확실히 치는 것이다. 닿는다는 것은 어쩌다 부딪치는 정도를 말한다.」라는 대목에서는 어쩌다보니 얻은 성공이냐, 철저한 전략에 의한 성공이냐의 차이를 지적하기도 한다.

「무슨 일이든 '허물어질 때'가 있는 법이다. 집이 허물어지고 몸이 허물어지고 적이 허물어지는 것 모두 때가 되어 박자가 어긋나 허물어지는 것이다. 많은 수의 싸움에서 적이 허물어지는 타이밍을 알고 그 순간을 포착하여 추격하는 것이 중요하다.」에서는 결정적인 기회를 포착할 것을 말한다.

「누구나 적과 싸울 때 이놈은 약하게 베어주자, 이놈은 강하게 베어주자 구별해서 생각하는 사람은 아무도 없을 터이다. 단지 사람을 베어야겠다고 생각할 뿐이지, 강하다고도 약하다고도 생각지 않는 것이다. 적을 죽이겠다고 생각할 뿐이다.」에서는 형식에 매이지 않는 분명한 목적 의식을 강조하고 있다.

이 책의 곳곳에는 합리적이고 유연한 사고를 갖고, 매너리즘에 빠지는 것을 경고하며, 자신의 능력과 수단을 극대화시켜 오직 적에게 이길 것을 강조한다.

그러나 무사시는 단순히 적을 이기는 것만을 얘기하지 않는다. 더 깊은 의미로는 적을 이기기에 앞서 자신을 이기라는 부단한 자기 수련을 말한다.

「물을 건너다 보면 상황에 따라 순풍을 받아 나아갈 때도 있고, 혹은 풍향이 바뀌어 20~30리는 노를 저어서라도 뭍에 닿겠다는 일념으로 배를 움직이고 물을 건넌다. 인생에 있어서도 이와 같은 마음가짐으로 전력을 다해 도(渡)를 넘는다고 스스로를 타이르지 않으면 안된다.」

이 책에는 아주 은유적이고 비유적인 표현들이 많다. 그리고 검법을 전하는 형식으로 되어 있어 내리훑듯이 읽어내면 무사시가 말하고자 하는 깊은 의미를 놓칠 수도 있다. 이 책이 들려

주는 메시지를 자신의 입장에 대입해보고, 내가 '베어버릴 적'은 무엇이며, 어떤 전략으로써 승리를 얻을 수 있는가를 염두에 두고 한 대목 한 대목 음미하듯이 읽어 간다면 훌륭한 '인생경영'의 교과서가 되어줄 것이다.

　각 단락 말미마다 '음미해라' '연구해라'하는 말이 반복되어 나오는데, 자칫 잔소리같이 느껴질 수도 있지만, 이 말대로 '음미해서 읽어 볼'만한 책인 듯싶다.

옮긴이 씀

차 례

◆제1장◆

모든 일에는 각기 도(道)가 있다 | 인재를 적재적소에 써라 | 실력을 길러라 | 작은 것을 통해 큰 것을 깨우친다 | 가진 재능을 모두 활용하라 | 한 명의 적을 이길 수 있으면 천 명도 이길 수 있다 | 상황에 따라 적절한 수단을 선택하라 | 매사에 박자가 중요하다

◆제2장◆

물(水)의 장

직관적인 판단력을 길러라 | 전투시에도 평상시처럼 자세를 하라 | 상대를 예의 주시하라 | 변화하지 않으면 죽는다 | 평소처럼 자연스럽게 | 형식은 목적을 위해 존재한다 | 기술과 능력을 최대한 살린다 | 상대를 겨누는 다섯가지 자세 | 틀에 박히지 말라 | 적을 칠 때는 일격에 쳐라 | 상대가 방심했을 때 쳐라 | 무념무상의 경지 | 온힘을 모아 추진하라 | 시도할 수 있는 방법은 모두 시도하라 | 빠르게 강하게 쳐라 | 상대의 시도를 철저히 차단하라 | 생각과 행동을 함께 하라 | 계획에 의한 성공과 우연한 성공은 다르다 | 온몸을 던져 도전하라 | 일의 본질을 파악하라 | 위축되지 말고 모든 능력을 발휘하라 | 끈질김과 얽힘은 다르다 | 몸으로 부딪쳐라 | 적극적으로 맞서라 | 정공법으로 나가라 | 상황이 좋지 않을 때는 상대의 핵심을 찔러라 | 호흡이 중요하다 | 기선을 잡아라 | 급한 일부터 먼저 처리한다 | 승리의 비결을 터득하라 | 단 한 번에 끝내라 | 통찰력을 길러라

【 서문 】

　　나의 병법의 길을 니텐이치류(二天一流)라고 부르며 수년 동
안 단련하여 처음으로 문자로 나타내려고 한다. 때는 강에이(寬
永) 20년(1643) 10월 초순 경, 규슈의 히고(肥後, 지금의 구마모
토 현) 땅 이와토 산[1]에 올라 하늘을 우러러 절하고 관음보살께
예를 표하고 부처님 앞에 예불을 올렸다. 나는 하리마(播磨) 태
생의 사무라이, 신멘 무사시노가미(新免武藏守) 후지와라노겐신
(藤原玄信)이며, 나이는 어언 60이다.

　　나는 어려서부터 병법의 길에 뜻을 두어, 13세에 처음으로
승부를 겨루었다. 그 상대인 신토류(新當流, 검법의 한 유파)의

---

1) 이와토 산-구마모토의 서쪽, 아리아케 해에 접해 있다.

아리마 키헤에라는 병법가에게 이겼고, 16세 때 다지마 국의 아키야마라는 빼어난 검객에게 이겼다. 21세에 교토로 올라와 천하의 병법가[2]를 만나 수차례 승부를 겨루었지만 그때마다 이겼다. 그 후 방방곡곡을 떠돌며 여러 유파의 검객들을 만나 60여 차례나 승부를 겨루었는데 단 한 번도 승리를 빼앗기지 않았다. 그때가 나이 13세에서 28, 9세까지의 일이다.[3]

내 나이 30을 넘어 자취를 더듬어보니, 병법이 깊어 이긴 것이 아니었다. 그저 타고난 재주가 있었고 하늘의 이치에 따랐던 것뿐이었다. 아니면 상대의 실력이 불충분했기 때문일 것이다.

그 후 더욱 깊은 도(道)의 이치를 얻기 위해 밤낮으로 단련을 해서 스스로 병법의 진수를 깨달았다. 이것이 내 나이 50세 때의 일이다. 그때부터 특별히 터득해야 할 것이 없이 세월을 보냈다. 병법의 이치에 따라 모든 무예의 도(道)가 통달하니 만사에 있어 나에게 스승이 없다.

지금 이 글을 쓰면서 불교·유교의 옛말을 빌리지 않고, 군사 기록이나 병법서의 내용을 인용하지 않았다. 오직 하늘의 도(道)와 관세음보살의 공덕을 거울삼아 나의 병법 니텐이치류의

---

2) 붓소(扶桑) 제일의 병법가라고 불린 요시오카 가문과 세 번 겨루었다.
3) 사사키 고지로와의 결투는 무사시가 29세 때라고 전해진다.

견해와 참된 뜻을 남겨두기 위해, 10월 10일 새벽 4시에 붓을 들어 쓰기 시작한다.

땅(地)의 장

전략의 법칙을 터득하라
땅(地)의 장[4]

병법이란 무사가 지켜야 할 전략이다. 장수가 된 자는 특히 이 전략을 실행해야 하고, 병졸 된 자도 이 전략을 알아야 할 것이다. 지금 세상에는 병법의 길을 확실하게 깨달은 무사가 없다.

우선 그 도(道)를 알리는 것은, 부처의 가르침으로써 중생을 구제하는 것, 또 유교로써 학문의 길을 밝히는 것, 의사로서 여러 병을 고치는 것, 가인(歌人)으로서 노래의 길을 가르치는 것,

---

4) 병법 니텐이치류의 흐름을 기록하고, 이도(二刀)를 이용, 병법이라 불리는 이론적 근거를 밝히고 있다.

또는 풍류인·궁예가 등 여러 예술과 기능에 이르기까지 나름대로 단련하고 마음껏 즐기는 것이다. 그런데 병법의 길에는 이를 갈고 닦는 사람들이 드물다.

무엇보다 무사는 문무 2도(文武二道)라 하여 두 개의 도리를 성실히 배워야 한다. 비록 그 길이 어렵더라도 무사라면 각자 신분에 맞게 병법의 도를 깨닫기 위해 정진해야 한다.

대개 사무라이 정신을 이해할 때 그저 매사에 임할 때 죽음을 각오하는 것쯤으로 여긴다. 죽음을 각오하는 것은 사무라이만이 아니라, 승려나 여자, 백성 모두에 이르기까지 의리를 알고 수치를 생각하며 죽음을 각오하는 것에는 매한가지다.

사무라이가 병법을 실천하는 길은, 어떤 일에나 남보다 나아야 함을 기본으로 삼는다. 또한 1대 1 결투에서나 여러 명과의 싸움에 임해서 적을 이기고, 주군(主君)을 위해서나 자기 자신을 위해서 이름을 높이 세우려는 데 있다. 이것은 오직 병법의 덕(德)으로써 가능하다.

세상 사람들은 병법의 길을 배워도 실전에는 도움이 안 된다고 여기기도 한다. 그럴 경우에는 언제라도 도움이 되도록 단련하고 모든 일에 있어서 쓸모가 있도록 하는 것, 이것이 병법의 진정한 길이다.

미야모토 무사시 초상(시마다 미술관 소장)

모든 일에는 각기 도(道)가 있다

중국, 일본에서는 이 도(道)의 경지에 이른 자를 병법의 달인이라고 불렀다. 무릇 무사로서 이 법을 배우지 않는다면 어찌 옳다고 하겠는가.

근래에 들어서 병법가라고 자칭하면서 처세하는 자가 있는데 이는 한낱 검술, 칼을 쓰는 재주만을 뜻하는 것이다. 히타치 국(國)의 가시마·간토리 신사(神社)의 신관(神官)들이 신(神)에게 전수받은 것이라 하며, 검술의 여러 유파를 만들어 각지를 돌며 사람들에게 검술을 전수한 것이 최근의 일이다.

예로부터 10능(能)·7예(藝)라 하여 그 중에서도 병법이란 이로움을 주는 것이라고 여겨져 왔다. 사실 병법은 무예이지만 이로움을 가져다주는 것이라면 검술에 그쳐서는 안 된다. 검술 하나에서 얻은 이로움만 생각한다면 결국 검술 그 자체의 진리조차도 알지 못할 뿐더러, 하물며 병법 전체에는 도저히 이르지 못할 것이다.

세상을 보니 모든 예(藝)를 상품화하여 자기 자신을 팔려는 사람이 많다. 여러 도구에 있어서도 기능보다는 팔기만 하면 된다는 식이다. 꽃과 열매 두 가지를 놓고 볼 때 꽃보다 열매가 적은 것과 같다. 특히 이 병법의 도(道)에 화려한 기법을[5] 사용하며, 혹은 무슨 무슨 도장이니 하면서 그 도를 가르쳐 이득을 얻으려 한다면, 세간에서 말하는 "서투른 병법을 사용하면 오히려 몸에 큰 해를 입힌다"와 같이 된다.

무릇 사람이 이 세상을 살아가는 데는 사농공상(士農工商)의 네 가지 길이 있다. 첫째는 농사의 길. 농부는 갖가지 농기구를 갖춰서 계절의 변화에 마음을 쓰며 세월을 보낸다. 이것이 농사의 길이다.

둘째는 상업의 길. 술을 빚는 자는 여러 가지 도구를 이용해 좋건 나쁘건 그에 상응한 이윤을 얻어 생활을 한다. 상업의 도는 누구든지 분수에 맞는 이윤을 얻어서 세상을 살아가는 것이다. 이것이 상인의 도(道)이다.

셋째는 무사(武士)의 길. 무사는 쓰임새에 따라 무기를 만들고, 무기의 용법을 잘 구별하여야 진정한 무사의 도(道)에 이른다. 무사이면서도 무기를 다루지 못하고 그 무기 하나 하나의 효용을 깨닫지 못한다면 어찌 무사라고 하겠는가.

넷째는 장인[工]의 길. 이를테면 목수는 다양한 연장을 만들어 그 연장의 특징을 잘 알아 사용하며, 먹줄과 굽은 자를 이용해 도면을 그리고, 쉬지 않고 그 기능을 발휘하여 세상을 살아간다. 이것이 사농공상 네 가지의 길이다.

---

5) 화려한 기예의 폐해를 지적하고 있다.

병법을 목수의 길에 비유해서 말하겠다. 목수에 비유하는 것은 양쪽 다 집과 관련이 있기 때문이다. 공가(公家, 조정 혹은 문관 집안)니, 무가(武家)니, 사가(四家, 귀족 집안)니 일컫고, 혹은 그 가문이 망하느니 존속하느니 말한다. 또 무슨 유(流)니 풍(風)이니 무슨 가문이니 하여 집 가(家)자를 써서 표현하니 목수의 길에 비유할 만하다.

목수가 크게 솜씨를 부린다고 한다면, 병법의 길도 일종의 큰 기교라고 할 수 있으므로 목수에 비유할 수 있다. 병법을 배우고자 하면 이 글을 잘 읽고 터득하여 스승은 바늘, 제자는 실이라고 생각하여 열심히 익혀야 한다.

인재를 적재적소에 써라

대장은 도목수(우두머리 목수)에 비유되는데, 천하를 재는 자를 갖춰서 나라의 자를 정확히 바로잡고, 집의 자를 아는 일, 이것이 바로 도목수의 도리이다.

도목수는 집·탑(塔)·가람(伽藍)의 규격과 치수를 재어 궁전 누각을 설계할 줄 알며, 사람들을 부려서 건물을 세울 수 있어야 한다. 이는 도목수나 무가의 장수나 마찬가지이다.

집을 지을 때 적당한 자재를 적당한 곳에 배치해야 한다. 재목이 곧고 마디가 없으며 보기 좋은 것은 앞쪽 기둥으로 삼고, 조금 마디가 있어도 곧고 튼튼한 것은 바로 손질해 뒷 기둥으로 쓴다.

다소 무른 것도 마디가 없이 보기 좋은 나무는 모양을 살펴보아 문지방·상인방·문짝 미닫이용인가를 구분한다. 마디가 있거나 구부러져 있어도 튼튼한 나무는 그 집의 곳곳을 잘 살펴보고 잘 찾아 쓴다면 그 집은 오래 지탱할 것이다. 또한 재목 속에 마디가 많고 휘어 발판으로도 쓸 수 없으면 나중에 땔감으로라도 써야 한다.

도목수가 되려면 목수를 부림에 있어서 그 솜씨의 상중하를 파악해야 한다. 솜씨에 따라 마루, 문과 미닫이, 혹은 문지방·상인방·천장 등의 일을 맡긴다. 솜씨가 그다지 안 좋은 자에겐 마루 귀틀을 치게 하고, 솜씨가 더 형편없는 자는 쐐기를 깎는 따위의 잡일을 시킨다. 이처럼 사람을 잘 분별하여 부리면 일이 빠르게 진전되어 훌륭한 성과를 거두는 것이다.

일이 잘 진행되어 성과를 올리는 것, 모든 일에 있어서 실패 없도록 세심한 주의를 기울이는 것, 사람을 부릴 줄 아는 것, 기운의 정도를 알아서 독려하되 능력의 한계를 파악하는 것, 이 모든 것이 장수가 신경써야 하는 일이다.

병법도 이와 마찬가지이다.

실력을 길러라

병졸은 목수에 비유되는데, 손수 연장을 손질하고 갖가지 맡은 연장을 준비하여 연장통에 넣어 가지고 도목수가 지시하는 곳을 손본다. 기둥의 표면이 어긋나 있으면 손도끼로 잘 다듬고, 바닥과 선반을 대패로 잘 밀고, 틈새를 발견하면 잘 메워서 세밀한 구석까지 잘 마무리하는 것, 이것이 바로 목수의 길이다. 목수의 기술을 손에 익히고 도면을 잘 읽으면 후에 도목수가 될 수 있는 것이다.

목수의 소양이란 잘 드는 연장을 갖추고 틈날 때마다 손질하는 것이다. 그 연장을 이용해 문갑·책장·책상 또는 호롱·도마·냄비 뚜껑까지 솜씨있게 만들어내는 것이 목수의 길이다. 병졸된 자도 이래야 한다. 자주 되새겨야 할 것이다.

또한 목수의 소양이란 일을 그르치지 않는 것, 모서리의 각이 비뚤어지지 않게 하는 것, 대패로 잘 미는 것, 함부로 깎지 않는 것, 후에 뒤틀리지 않게 하는 것이다. 이 길을 배우려고 한다면 이 글 하나 하나를 명심해서 새겨야 한다.

여기선 철저히 익힌 기능의 습득을 강조하고 있다. 현대 사회에 있어서 더욱 이런 점들이 요구된다. 자신의 분야에서 원칙과 실력을 갖추지 못하면 그 분야의 전문가가 될 수가 없다.

작은 것을 통해 큰 것을 깨우친다

그것은 다섯 가지의 도리를 한 권 한 권에 설명하기 위함인데, 즉 땅(地), 물(水), 불(火), 바람(風), 비어 있음(空)의 5권이 그것이다.

'땅'의 장에서는 병법의 길에 있어서 나 자신의 견해를 말하는데, 검술만으로는 진정한 도를 얻을 수 없다. 가장 큰 것에서 가장 작은 것에 이르기까지 알게 되고, 얕은 곳에서 깊은 곳으로까지 이른다. 곧은 길에 옥석을 깔아 땅을 굳게 만든다는 의미에서 처음 장을 '땅'의 장이라고 이름지었다.

둘째는 '물'의 장. 물을 거울삼아 마음을 물처럼 맑게 하는 것이다. 물은 네모난 그릇 동그란 그릇에 따라 모습을 달리하며, 한 방울이 되기도 하고 넓은 바다가 되기도 한다. 물의 투명하고 깨끗한 마음을 빌려 나의 니텐이치류 병법을 적고자 한다.

한 명의 적을 이길 수 있는 검술의 이치를 터득했다면 세상 사람들 모두를 이길 수 있게 된다. 한 사람에게 이긴다는 것은 천만 명의 적도 이길 수 있다는 뜻이다.

장수된 자는 작은 것을 통해 큰 것을 터득한다. 이는 작은 모형을 가지고 큰 불상을 세우는 것과 같다. 이런 것은 세세하게 서술할 수 있는 것이 아니다. 하나로써 만 가지를 깨우치는 것이 병법의 이치이기 때문이다. 어쨌든 니텐이치류에 관한 것을 이

'물'의 장에 기록하여 둔다.

셋째는 '불'의 장. 이 장에서는 싸움에 대한 것을 적어둔다. 불은 커지기도 하고 작아지기도 하는 그 힘의 무서움과 변화무쌍함 때문에 싸움에 비유하여 썼다. 싸움의 길은 1대 1 싸움이나 만 명 대 만 명의 싸움이나 모두 같다. 크고 작은 것에 너무 신경쓰지 말고 잘 새겨봐야 할 것이다.

큰 것은 잘 보이나 작은 것은 잘 보이지 않는다. 따라서 많은 사람이 싸울 때는 그때그때 전술을 바꿀 수가 없어 쉽게 포착되는 데 비해, 개개인은 각자 마음대로 전술을 쓰기 때문에 세밀한 변화를 알아내기 어렵다. 잘 연구해 보아야 할 일이다.

승부는 한순간에 결판이 나기 때문에 매일매일 단련하여 충분히 몸에 익혀야 한다. 어떤 일에 임해서든 당황하지 말고 평상심(平常心)을 기르는 것이 병법의 핵심이다. 이러한 싸움과 승부에 대한 것을 '불'의 장에 기록하고 있다.

넷째 '바람'의 장. 이 장에서는 니텐이치류뿐 아니라 세상 여러 유파의 병법들을 써놓았다. 풍(風)이라 함은 옛스러움을 말하는 고풍이라든가, 현대풍, 가문의 전통을 말하는 가풍 등으로 표현한다. 세상의 병법과 무예의 유파들의 내용을 명확히 적고자 한다.

남을 잘 알지 못하면 자신을 인식하지 못한다. 그 자신에 대한 인식이 없으면 모든 일에 있어서 진실되지 못한 마음이 생겨난다. 평소에 그 길에 전념한다고 해도 정도(正道)에 어긋나 있다면 진실되지 못한 것이다. 진실의 도를 깨닫지 못하면 마음의 사소한 어긋남이 나중에는 크게 빗나가게 되는 것이다. 잘 생각해보아야 할 것이다.

병법을 검술로만 생각하는 것은 잘못이다. 나의 병법의 이치에 있어서도 마찬가지이다. 세상의 일반적인 병법을 알기 위해 바람의 장에서는 다른 유파의 병법을 적어 놓았다.

다섯째 '비어 있음(空)'의 장. '비어 있음'에는 시작도 끝도 없다. 이치를 터득해도 그 이치에 얽매이지 않는다. 스스로 자유롭고 스스로 뛰어난 역량을 발휘한다. 때에 따라 곳에 따라 박자를 알고 손에 검이 있다는 사실을 잊는 경지에 이르는 것, 이것이 '비어 있음'의 도이다. 스스로 진실의 도에 이르는 것을 '비어 있음(空)'의 장에 적어 두었다.

가진 재능을 모두 활용하라

2도(二刀)라고 부르는 것은, 무사는 대장이나 병졸 모두 두 개의 칼을 허리에 찼기 때문이다. 옛날에는 큰칼(太刀, 다치)·칼(刀, 가타나)이라고 했고, 지금은 가타나·작은칼(脇指, 와키자시)이라고 한다. 무사가 2도를 허리에 차는 것은 새삼 언급할 필요가 없는 일이다.

무사에게 있어서 알든 모르든 두 개의 칼을 허리에 차는 일은 무사의 길이다. 이 두 개의 칼의 쓰임을 깨우쳐주기 위해 니토이치류(二刀一流)라고 칭하는 것이다. 창·장검과 함께 그밖의 것(활, 말, 쇠사슬 등)도 무사의 도구에 속한다.

니토이치류의 참된 길은 초심자에게 있어서도 큰칼과 칼을 양손에 들고 수련하는 것이다. 싸움에 임해 목숨을 버릴 때에는 무기를 남김없이 활용해야 하지 않겠는가. 무기를 제대로 써보지도 못하고 허리에 찬 채 죽는다는 것은 잘못된 일이다.

그러나 무기를 두 손으로 쥐고 마음대로 휘두르기는 어렵다. 니토이치류를 주창하며 한손으로도 큰칼을 능히 다룰 수 있도록 하기 위함이다. 창·장검 같은 큰 무기는 어쩔 수 없지만, 칼·작은칼 등은 얼마든지 한 손으로 쥘 수 있는 무기이다. 말을 타고 달릴 때나 수렁·진흙탕·돌밭·가파른 길·사람이 북적대는 곳에서는 두 손으로 큰칼(다치)을 다루기가 곤란하다.

왼손에 활·창을 쥐거나 그 외 다른 무기를 가지고 있는 경우에도 한 손으로 큰칼을 사용할 줄 알아야 한다. 두 손으로 큰칼을 잡는 것은 진정한 도가 아니다. 만약 한 손으로 적을 무찌르기 힘든 경우에는 두 손으로 해치운다. 시간을 버는 일이기도 하다.

우선 한 손으로 큰칼을 쥐는 일에 겁을 먹어서는 안된다. 큰칼을 능숙하게 다루기 위해서는 두 개의 칼을 쓰되, 큰칼을 한 손으로 후려치는 훈련을 해야 한다. 사람에 따라서 처음에는 한 손으로 큰칼을 들면 휘두르기 어려운 경우가 있다.

처음 배울 때는 활시위도 당기기 힘들고 장도도 휘두르기 어렵다. 그러나 익숙해지고 나면 활시위도 힘있게 당길 수 있고, 큰칼 역시 검도가 지니는 본래의 힘을 터득해 다루기 수월해진다.

큰칼을 다루는 법이란 빨리 휘둘러야 하는 것이 아니다. 이것은 '물'의 장에서 다루겠다. 큰칼은 넓은 곳에서 사용하고, 작은 칼(와키자시)은 좁은 곳에서 쓴다. 그 기능을 아는 것이 도의 기본이다.

이 2도 1류에서는 큰칼로도 이기고 짧은 칼로도 능히 이기는 것이다. 때문에 칼의 길고 짧음에 얽매이지 않고 어떻게든 이기려고 하는 마음가짐이 니텐이치류의 정신이다.

대도 하나를 가지는 것보다 두 개를 가지는 것이 혼자서 많은 사람과 싸울 때, 또는 집안의 좁은 장소에 은거해 있는 자를 덮칠 때에 유리하다.

이것은 지금 세세히 언급하지 않겠다. 하나를 가지고 만 가지를 깨우쳐야 한다. 병법의 도(道)를 터득하게 되면 어느 것 하나 거칠 것이 없다.

잘 새겨야 할 것이다.

무사시가 강조하는 것은 첫째, 지닌 수단(두 개의 칼)을 남김없이 활용할 것. 둘째, 양손의 기능(모든 재능)을 모두 발휘할 것. 셋째, 하나보다 둘이 유리하다는 것. 이러한 합리주의의 소산이다. 즉 승부를 겨룸에 있어서 모든 기능 모든 수단을 남김없이 활용하라고 강조하고 있다. 인생을 살아가는 우리 개개인의 승부에 있어서 혹은 사회적 집단의 승부에 있어서 지닌 능력을 헛됨이 없이 더구나 유기적으로 발휘하느냐 못 하느냐에 그 성패가 걸려 있는 것이다.

한 명의 적을 이길 수 있으면 천 명도 이길 수 있다

병법의 도에 있어서는 흔히 큰칼(太刀, 다치)을 능숙하게 다루는 자를 가리켜 병법자라고 부른다. 무예의 길에 있어서 활을 잘 쏘는 자는 사수라 하고, 총을 잘 쏘는 자는 포수라 하며, 창을 잘 다루는 자는 창수라 하고, 검에 능한 자는 검술사라고 한다.

그러므로 큰칼의 도(道)를 터득한 자를 장도잡이 또는 칼잡이라고 해도 무방할 것이다. 활·총·창·검 모두 무사의 도구이기 때문에 어느 것이든 병법의 길에 이른다. 그런데도 굳이 큰칼의 도에 한해서만 병법이라 하는 데는 그 나름대로의 이유가 있다. 그것은 큰칼의 덕으로써 세상을 다스리고 또한 자신을 다스리는 것이므로 큰칼은 병법의 근원이 되는 것이다.

큰칼의 덕을 터득한다면 능히 혼자서도 열 명을 이길 수 있다. 혼자서 열 명을 이기면 백 명이 천 명을 이기고 천 명이 만 명을 이긴다. 따라서 나의 검법에서는 상대가 한 명이든 만 명이든 마찬가지라고 여기며, 검법뿐만 아니라 이러한 무사가 명심할 법을 모두 병법이라고 부른다.

유학자, 불자(佛者), 풍류인, 예법가(예의 범절을 가르치는 사람), 예능인 등의 도(道)는 무사도와는 다르다. 그러나 그 길이 아니더라도 도를 넓히면 모든 일에 통용될 수 있는 것이다. 인간으로서 여러 가지 도를 잘 닦는 것이 중요하다.

상황에 따라 적절한 수단을 선택하라

무기의 효용을 판단해 어떤 무기라도 때에 맞게 쓸 줄 알아야 한다. 짧은칼(와키자시)은 좁은 곳에서 적에게 다가갔을 때 유용하다. 큰칼은 어느 곳에서나 사용할 수 있다. 장도는 전장터에서는 창보다 비효율적인 경우가 있다. 창은 선수(先手)를 쓸 수 있으나 장도는 후수(後手)가 된다. 같은 위치에서는 창이 조금 유리하다.

장도나 창 모두 때에 따라서는 좁은 곳에서는 이롭지 않다. 숨어 있는 자를 덮칠 때도 유용하지 않다. 그저 전투용으로 긴요한 무기일 뿐이다. 전장의 무기로서의 본래의 의미를 망각하고 사소한 것에 집착하여 진정한 도를 잊는다면 승리를 얻지 못할 것이다.

활은 전투시 내닫고 후퇴함에 있어서 유용하고, 창이나 칼 그 밖의 무기보다 빨리 쏠 수 있어서 특히 야전(野戰)에 유리하다. 그러나 성을 공격할 때 또는 적과의 사이가 20간(間, 약 40미터)을 넘을 때는 적당하지 않다.

그런데 오늘날 활을 비롯한 여러 무예가 겉만 화려하고 실전에는 역할을 다하지 못한다. 그러한 무예나 기능은 결정적인 순간에 아무 구실을 하지 못한다.

성곽 안에서는 총포가 가장 유리하다. 야전에서도 전투하기 이전에는 총이 도움이 된다. 그러나 1대 1 전투가 시작되면 적당하지 않다.

활의 한 가지 장점은 쏜 화살을 눈으로 확인할 수 있어 좋다. 총알은 눈으로 볼 수 없다는 것이 단점이다. 이것을 잘 새겨야 할 것이다.

말은 힘이 세고 인내력이 있고 고약한 버릇이 없는 것이 유용하다. 무기와 마찬가지로 말도 큰 것이 좋고, 검, 작은칼, 창, 장도도 큰 것이 유리하며, 활, 총도 강하고 쉽게 부서지지 않는 것이 좋다.

무기를 한 가지만 써서는 안 된다. 그렇다고 필요 이상으로 무기를 많이 지니는 것은 부족한 것이나 마찬가지이다. 다른 사람을 따라하지 말고 자기 몸과 자기 손에 적당한 무기를 가져야 한다. 대장이나 병졸이나 모두 어떤 무기가 좋고 어떤 무기가 나쁜지를 따져서는 안 된다. 이 점을 명심해야 한다.

매사에 박자가 중요하다

모든 일에는 박자가 있다. 특히 병법에 있어서 이 점이 중요하다. 박자는 단련을 하지 않으면 엉거주춤해지기 쉽다. 박자가 뚜렷한 것으로는 춤이나 음악의 박자 등이 있는데, 이는 모두 박자가 잘 맞음으로써 어우러지는 것이다.

무예의 도(道)에 있어서도 활을 쏘고, 총을 당기며, 말을 타는 것에까지 박자와 가락이 있는 법이다. 여러 무예와 기능에 있어서도 박자를 무시해서는 안된다.

또한 눈에 보이지 않는 것에도 박자가 있다. 무사의 일생에도 박자가 있다. 신분이 올라 벼슬을 하여 입신 출세하는 박자, 실패하여 뒤로 물러서는 박자, 뜻대로 척척 맞는 박자, 어긋나기만 하는 박자 등.

혹은 장사를 하는 데도 마찬가지다. 부자가 되는 박자, 망하는 박자, 저마다 박자가 달라진다. 따라서 발전하는 박자와 퇴보

하는 박자를 잘 분별해야 한다.

병법의 박자도 여러 가지이다. 우선 호흡이 맞는 박자와 맞지 않는 박자를 구분하고, 크고 작거나 느리고 빠른 박자 중에서도 맞는 박자를 알며, 사이사이의 박자를 알아내고, 엇박자까지도 알아 상대를 무너뜨리는 것이 병법의 길이다. 특히 상대를 무너뜨리는 엇박자를 터득하지 못하면 병법을 완전히 몸에 익히기 어렵다.

전투에 있어서 적의 박자를 살핀 후 상대가 예상치 못한 박자로써 치고, 전략으로써 눈에 보이지 않는 박자를 발휘해 비로소 승리를 이끌어내는 것이다.

어느 장에서나 박자에 대해서 기록하고 있다. 이 글을 잘 음미하여 충분히 단련해야 한다.

이런 것은 우리들 인생에도 거의 그대로 들어맞는다. 성공과 실패의 박자에 관해서는 무사시도 말하고 있고, 그대로인데 또 하나 박자를 사회에 대한 우리들 자신의 자세로 바꿔놓고 보면 재미있는 것이 나타나지 않겠는가. 사회의 박자에 맞추어 버리고 나면 몸을 움직일 수가 없어지고, 사회의 박자로 바꾸면 몽땅 사로잡히고 말아 자기 자신이 세워나가지 않으면 마음껏 충분한 인생을 살 수가 없는 것이다.

이 니텐이치류 병법의 도(道)는 밤낮으로 익히고 단련하여 절로 넓은 마음이 생기게 하며, 집단이나 개인의 병법으로서 세상에 전해지는 것이다. 이것을 처음 글로써 나타낸 것이 땅(地), 물(水), 불(火), 바람(風), 비어 있음(空) 5권이다. 나의 병법을 배우고자 하는 사람은 도를 행함에 있어서 다음의 9가지 법칙을 지켜야 할 것이다.

첫째, 올바른 길(正道)을 생각할 것
둘째, 도를 실천하고 단련할 것
셋째, 한 가지 무예뿐만 아니라 여러 예(藝)를 갖출 것
넷째, 자신의 직종뿐 아니라 여러 직종의 도(道)를 깨우칠 것
다섯째, 합리적으로 손익을 따질 줄 알 것
여섯째, 매사에 직관적인 판단력을 기를 것
일곱째, 눈에 보이지 않는 것을 간파할 것
여덟째, 사소한 것도 주의를 게을리하지 말 것
아홉째, 별로 도움이 못 되는 일은 하지 말 것

이러한 이치를 마음에 새겨 병법의 도를 단련해야 한다. 이 도를 분명히 깨우쳐 넓은 시야로 진실을 바라보지 못한다면 병법의 달인이라고 할 수 없다. 이 법칙을 터득하기만 하면 혼자서도

20~30명의 적과 싸워도 지는 법이 없다.

우선 무엇보다도 병법에 충실하고 진정한 도를 단련하면 손으로 물리칠 수 있고 눈에 보이지 않는 것도 이길 수 있다. 또한 단련을 통해 온몸을 자유자재로 움직이게 되면 육체적으로도 남을 능가하게 된다. 또 이 길에 전념하여 정신을 수련하면 그 정신으로도 남을 이길 수 있다. 이러한 탁월한 경지에 이르면 어찌 남에게 질 수 있겠는가.

또한 넓은 의미의 병법으로서는 뛰어난 인물을 부하로 삼아 부리며, 몸을 바르게 행하고 나라를 다스리며, 백성을 돌보고 세상의 질서를 바로잡을 수 있게 된다. 어느 도에 있어서나 남에게 지지 않을 자신이 생기며, 스스로 이름을 높이는 것이 바로 이 병법의 도(道)이다.

쇼호(正保) 2년(1645) 5월 12일
신멘 무사시(新免武藏)가 데라오 마고죠(寺尾孫丞)에게

물(水)의 장

원칙을 지켜라
물(水)의 장[6]

　병법 니텐이치류(二天一流)의 근본은 맑은 물 같은 마음으로
써, 이익이 되는 병법을 행하는 것이므로 '물'의 장이라 이름 붙
이고, 칼 쓰는 솜씨를 기록하고 있다. 이 병법의 도를 세세하게
마음대로 나누어 쓰기는 어렵다. 비록 말로는 잇기 어려워도 이
치는 자연히 알 수 있을 것이다. 이 책에 기록해 놓은 것을 한
자 한 자 깊이 새겨야 할 것이다. 적당히 넘어가면 그 도를 잘못

---

6) 니텐이치류라고 칭한 취지, 유파의 칼 쓰는 법, 검술의 대략적인 것에 대해 기술하고
　있다.

깨닫게 된다.

병법의 이치에 있어서 1대 1의 승부인 것처럼 써놓았어도 만명 대 만 명의 전투와 같은 이치임을 깨닫고 크게 보는 것이 중요하다. 이 도에 있어서 조금이라도 잘못 이해하거나 실수하게 되면 혼란에 빠지거나 잘못된 길로 빠지고 만다.

이 글만을 읽는 것만으로는 병법의 진수에 도달할 수 없다. 여기에 써놓은 것을 자신의 것으로 만들어야 한다. 보기만 하고 생각은 하지 않는다거나 흉내만 낸다거나 하지 말고, 자신의 마음속에서 스스로 이치를 터득하여 늘 몸에 익히고 잘 연구해야 한다.

직관적인 판단력을 길러라

병법의 도에 있어서 마음가짐[7]은 평소 그대로의 마음(평상심)이라고 바꿔 말할 수 있다. 평소에나 전투에 임해서나 조금도 다름이 없이 마음에 여유를 갖고, 지나치게 긴장하지 말고 조금도 흐트러지지 말아야 할 것이다.

모든 일에 거리낌이 없이 늘 자유스러운 마음을 조용히 움직여, 그 움직임이 단절되거나 멈추어지지 않도록 신중을 기해야

---

7) 병법의 마음가짐-병법 35개조 8조항

한다.

조용한 곳에서도 마음은 조용하지 않고, 주위가 빨리 움직일 때에도 마음은 조금도 빠르지 않으며, 마음은 몸에 끌려가지 않고 몸은 마음에 끌려가지 않으며, 몸은 긴장하지 않아도 마음은 긴장을 늦추지 않는다. 마음은 부족하지도 않고 조금이라도 넘치지 않으며, 겉마음에 치중하지 말고 속마음을 강하게 하며, 남에게 마음속이 꿰뚫어보이지 않도록 한다.

몸이 작은 자는 몸이 큰 자의 입장이 되어 파악하고, 몸이 큰 자는 몸이 작은 자의 마음이 되어 살펴야 한다. 몸이 크건 작건 마음을 바르게 갖고 자신의 편견에 사로잡히지 않고 높이 볼 줄 알아야 한다. 마음속으로만 보지 말고 넓게 생각하는 지혜를 가지도록 한다.

지혜나 마음이나 오직 단련해야 한다. 지혜를 닦아 사회의 옳고 그름을 분별하고, 사물의 선악을 알며, 수많은 예(藝)의 도를 경험하고, 세상 사람들에게 조금도 속지 않게끔 된 뒤에야 비로소 병법의 지혜[8]를 얻을 수 있다.

특히 전장에서 판단력을 기른다는 것은 아주 중요하다. 비록

---

8) 병법의 지혜-병법의 도와 이치와 '이로움'을 명확하게 아는 것. 지혜는 물과 같으며 이를 위해 멈춤 없이 자유로운 것.

전장에서 모든 일이 숨가쁘게 돌아갈 때에도 끊임없이 병법의 이치를 연마하고 흔들리지 않는 정신을 지켜나가야 한다. 이를 잘 음미해야 할 것이다.

> 무사시는 정확한 판단력을 바탕으로 한 폭넓은 지식과 교양의 필요성을 강조하고 있다. 몸집의 크고 작음에 대해 언급한 것은 자칫 자신의 환경에 얽매여 편협한 시각으로 그릇된 판단을 하기 쉬운 점을 경고한 것이다.

전투시에도 평상시처럼 자세를 하라

병법의 자세[9]는 얼굴은 숙이지도 않고 쳐들지도 않으며, 기울이지도 않고 비틀지도 않는다. 시선을 흐트러뜨리지 말고 이마에 주름이 지게 하지 말고, 미간을 찡그리지도 말며, 눈동자를 움직이지 말고 깜박거리지 말고 평상시보다 조금 가늘게 뜬다.

부드러워 보이는 표정으로 콧대를 똑바로 하여 아래턱을 조금 내민 듯하게 한다. 목은 뒤쪽에 힘을 주어 목덜미를 곧게 세우고, 어깨에서 전신에 걸쳐 고루 힘이 가도록 한다.

양어깨를 내리고 등줄기를 곧추세우고 엉덩이를 내밀지 말며, 무릎에서 발끝까지 힘을 주고 배에다 힘을 주어 허리가 구

---

9) 병법의 자세-병법 35개조 4, 6조항

부정해지지 않도록 한다. 이것을 쐐기를 박는다고 하여, 칼집에 배를 밀착시켜 허리띠가 느슨해지지 않도록 하기 위함이다.

모든 병법의 자세에 있어서, 평상시의 몸가짐을 전투때와 같이 하고, 전투시의 자세를 평소와 다름없이 하는 것이 중요하다. 잘 새겨야 할 것이다.

사람의 마음이란 긴장을 늦추면 게으른 쪽으로, 달콤한 쪽으로, 안이한 쪽으로 기울게 마련이다. 무사시는 평상시에도 전투시와 같은 마음을 유지하라며 안이함을 경고하고 있다.

상대를 예의 주시하라

병법에서 '주시(注視)'[10]는 싸움에서는 눈을 크고 넓게 봐야 한다. 관(觀), 즉 깊이 꿰뚫어보는 것은 강한 것이고, 견(見), 즉 살피는 것은 눈을 약하게 하는 것이다. 먼 곳에 있는 것을 가까이 있는 것처럼 자세히 파악하고, 가까운 곳을 멀리 넓게 보는 것, 이것이 바로 병법의 길이다. 상대의 큰칼(다치)을 파악하여 상대의 칼의 움직임에 흔들리지 않는 것, 이것이 병법에서 중요한 일이다. 깊이 새겨야 할 것이다.

---

10) 병법의 주시-병법 35개조 6조항

이 '주시'란 1대 1 대결이든 집단간의 전투이든 모두 마찬가지다. 눈동자를 움직이지 말고 양 옆을 보는 것이 중요하다. 그러나 이것은 하루아침에 터득되는 것이 아니다. 이 글을 읽고 항상 이 '주시'에 유념하며 어느 경우에든 주시하는 눈초리가 유지되도록 해야 한다.

'먼곳을 가깝게 가까운 곳을 멀게'라는 말은 자칫 신변에 문제가 생기면 사소한 것에 사로잡혀서 그 중 법칙을 파악하는 것을 잊어버리는 것을 경고한 얘기다. 반대로 신변과 관련이 적은 문제에서는 대충대충 끝내거나 고정관념으로 판단해, 구체적인 실상을 파악하지 않으려는 태도를 지적한 것이다.

변화하지 않으면 죽는다

큰칼을 잡는 법[11]은 엄지손가락 전체를 띄우는 기분으로 잡고, 가운뎃손가락은 조이지도 말고 풀지도 말며, 약지와 새끼손가락은 조이는 기분으로 잡는다. 손바닥 힘이 느슨해져서는 안 된다.

큰칼을 쥐었을 때는 항상 적을 벤다고 생각하며 쥐어야 한다. 적을 벨 때에도 손에 변함이 없어야 하고, 손이 움츠러들어 움직

---

11) 큰칼을 잡는 법-병법 35개조 3조항

임이 부자연스럽게 되어서는 안 된다. 만약 적의 큰칼을 치거나 받거나 부딪치거나 누르거나 할 때에도 엄지손가락과 집게손가락만을 약간 바꾼다는 기분으로 큰칼을 쥐어야 한다.

　시험삼아 베는 연습을 할 때에나 실제로 싸움에서 적을 벨 때에나 그 손 모양은 실제로 사람을 베는 손 모양과 다르지 않아야 한다. 그렇다고 해서 큰칼에 손을 고정시켜 움직이지 않음을 뜻하는 것이 아니다. 고정된 손은 '죽음'이고, 고정시키지 않은 손은 '삶'의 손이다. 마음에 잘 새겨야 할 것이다.

　사물과 환경은 늘 변화하며 발전한다. 사회나 개인이나 변화를 멈췄을 때는 퇴보를 뜻한다. 무사시는 모든 수단(큰칼)은 온갖 발전과 변화에 대응하도록 준비되어야 한다고 강조하고 있다.

평소처럼 자연스럽게

　발의 자세[12]는 발끝을 약간 뜨게 하여 발뒤꿈치를 강하게 딛는다. 발 사용법은 때에 따라 크고 작음, 느리고 빠름은 있어도 항상 평소처럼 자연스러움을 유지해야 한다. 발의 자세에서 펄쩍 뛰는 발, 허공에 뜬 발, 땅에 고정된 발 이 세 가지는 피해야

---

12) 발의 자세-병법 35개조 5조항

할 자세이다.

발놀림에 있어서도 음양(陰陽)의 이치가 중요하다. 음양의 발
놀림이란 한쪽 발만을 움직이는 것이 아니라 벨 때, 물러설 때,
맞받을 때 모두 오른발 왼발, 오른발 왼발 이런 식으로 발을 딛
는 것이다. 거듭 말하지만 한쪽 발만 움직여서는 안 된다. 잘 새
겨보아라.

형식은 목적을 위해 존재한다

다섯 가지 자세[13]란 상단(上段), 중단, 하단, 오른쪽 옆자세,
왼쪽 옆자세를 뜻한다. 자세가 다섯 가지로 나뉘어 있는 것은
모든 적을 베기 위함이다. 다섯 가지 자세뿐이나 어느 자세이
건 자세 그 자체에 얽매이지 말고 오직 적을 벤다는 생각만 하
라. 자세의 크고 작음은 경우에 따라 이로운 쪽을 택하면 된다.
상, 중, 하단의 자세는 기본 자세이고, 양 옆자세는 응용 자세이
다. 좌우 옆자세는 위가 막히거나 양쪽 중 한쪽이 막혔을 때의
자세이다. 좌우 어느 쪽을 택할 것인가는 장소에 따라 판단하면
된다.

이 도에서 가장 중요하게 여기는 자세는 결국 중단이다. 중단

---

13) 다섯 가지 자세-병법 35개조 9조항

이야말로 칼싸움 자세의 진수이다. 이를 큰 전투에 비유해보면, 중단은 대장의 지위에 해당하며 이에 따라 네 가지 자세가 따르는 것이다. 잘 새겨야 할 것이다.

기술과 능력을 최대한 살린다

큰칼의 도(道).[14] 평소 자신이 차고 있는 칼을 두 손가락만으로 휘두르는 경우에도, 검술의 도만 터득하고 있다면 자유자재로 놀릴 수가 있다.

큰칼을 함부로 빨리 휘두르려고 하면 검도의 법칙에 어긋나 오히려 휘두르기 어려워진다. 큰칼은 조용히 휘두르는 것이 중요하다.

부채나 단검을 사용하듯이 빨리 휘두르려고 들면 큰칼의 도리에 어긋나 휘두르지 못하는 것이다. 그런 자잘한 칼질을 하듯 큰칼을 사용하면 적을 벨 수 없는 것이다.

큰칼을 내려쳤을 때는 올리듯이 하고, 옆으로 휘둘렀을 때는 다시 옆으로 되돌리듯이 한다. 어느 경우에나 팔꿈치를 크게 뻗어 강하게 휘두르는 것, 이것이 큰칼을 쓰는 법이다.

---

14) 큰칼의 도(道)-무거운 큰칼처럼 조용히 적에게 맞서듯이 단련해야 한다. 병법 35개 조 11조항

나의 검법의 다섯 가지 기본 자세를 유념하여 몸에 익히면 큰 칼의 도를 터득해 휘두르기 쉬워진다. 단련을 게을리하지 않도록 하라.

억지로 빠르게만 칼을 쓰려고 하면 도리어 칼의 기능을 살리지 못하게 된다. 이는 비단 칼에 국한된 얘기가 아니다. 어느 사물이건 사람이건 갖고 있는 기능과 능력이 있다. 이 기능을 무시하고 부질없이 이쪽의 의도에 따를 것을 강요(즉 빠르게 휘두르려고)해봤자 그 기능을 살릴 수 없는 것이다. '베는' 일을 칼에게 부탁한 반면 칼에 꼭 맞게 휘둘러줘야 한다는 뜻이다. 즉, 사람이든 연장이든 그 성격에 맞게 기능을 발휘할 수 있도록 사용해야 한다는 뜻이다.

상대를 겨누는 다섯 가지 자세

【첫번째 자세-중단(中段)】

칼끝을 적의 얼굴에 대고 적과 맞선다. 적이 칼을 치면서 공격해 올 때, 칼을 재빨리 쳐올려 오른쪽으로 밀어붙인다. 또 적이 치고 올 때는 칼끝을 되받아 치고, 큰칼을 내린 채 그대로 두었다가 적이 계속해서 공격해오면 아래에서 적을 올려친다. 이것이 첫 번째 자세이다.

대략 이 다섯 가지 자세를 모두 설명한다 해도 쉽사리 이해가 되지 않을 것이다. 큰칼을 직접 손에 쥐고 이 다섯 가지 자세를 훈련해야 한다. 이 큰칼의 도를 터득했을 때, 상대의 어떠한 칼의 도(道)라도 판단할 수 있는 것이다.

이 2도(二刀)의 자세는 다섯 가지 외에는 없다. 잘 단련해야 할 것이다.

【두 번째 자세-상단(上段)】

두 번째 큰칼을 쓰는 법은, 상단에 칼을 겨누고 적이 공격할 때 단숨에 내려치는 것이다. 빗나갔을 경우 적을 친 칼은 그대로 둔 채 적이 다시 치고들어올 때 아래에서 위로 치켜올리듯이 올려친다. 반복할 경우에도 마찬가지이다.

마음의 상태나, 다양한 박자의 변화가 있는 법이어서, 이에 따라 충분히 단련을 하면 다섯 가지 큰칼의 도를 얻을 수 있고, 어떠한 경우에도 승리하게 된다. 잘 연습해야 할 것이다.

【세 번째 자세-하단(下段)】

큰칼을 늘어뜨리는 기분으로 하단에 겨눠 자세를 잡고 적이 공격해올 때 밑에서 훑어올리듯 손을 치는 것이다. 손을 칠 때 적이 칼을 쳐서 떨어뜨리려고 하면 한 박자 앞서 적의 팔을 옆으로 친다.

이때는 박자가 중요한데, 적이 큰칼을 휘둘러 공격해올 때 이쪽은 아래쪽 하단에서 단숨에 치는 것이 요령이다. 하단의 자세는 검법 수련에 초심자일 때나 충분히 단련한 뒤에도 종종 당면하게 마련이다. 큰칼을 가지고 단련해야 한다.

【네 번째 자세-왼쪽 옆자세】

네 번째 자세는 큰칼을 왼쪽 옆구리에 빗겨잡고 적이 공격해왔을 때 그 손을 아래에서 위로 올려치는 법이다. 다시 공격해오면, 적의 손을 친다는 기분으로 상대의 큰칼이 내려긋는 선을 되받아 자신의 어깨의 위쪽을 향해 대각선으로 올려친다. 이것이 네 번째 큰칼을 쓰는 법이다. 또 적이 연거푸 공격해올 때도 큰칼의 도(道)를 터득하면 이를 되받아쳐서 능히 이길 수 있다. 잘 음미해야 한다.

【다섯 번째 자세-오른쪽 옆자세】

다섯 번째 자세는 큰칼을 자신의 오른쪽 옆구리 쪽에 빗겨잡고, 적이 공격해 오면 자신의 큰칼을 아래에서 비스듬히 위로 쳐올린 다음, 위에서 아래로 일직선으로 내려치는 것이다.

이 검법 또한 큰칼의 도를 잘 익히기 위함이다. 이 검법으로 큰칼을 휘두르는 법이 단련되면 무거운 큰칼을 자유자재로 다룰 수 있게 된다.

이상 다섯 가지 자세에 관해서는 새삼 세밀하게 기록하지는 않겠다. 나의 검법의 도를 알고, 박자를 익혀 적의 칼 쓰는 법까지 판단할 수 있도록 우선 이 다섯 가지 자세로 매일 기술을 연마하는 것이 중요하다.

적과 싸우는 동안에도 이 큰칼의 법칙을 알고 적의 마음을 헤아리며 갖가지 박자를 알면 어떻게든 승리할 수 있다. 이를 잘 새겨야 할 것이다.

틀에 박히지 말라

"자세가 있으면서도 자세가 없다."[15] 이것은 큰칼의 검법에서 반드시 정해진 형식에 따라 겨누어드는 일이 있어서는 안된다, 라는 의미이다. 그러나 다섯 가지 자세(상단, 중단, 하단, 좌·우 옆자세)를 큰칼의 검법 자세라고 한다면 나름대로 정해진 것이 있다고 말할 수도 있다. 이를 가리켜 자세가 있으면서도 자세가 없다라고 한다.

큰칼을 쓰는 데 있어서 가장 중요한 점은, 적이 어느 곳에 있

15) 자세가 있으면서도 자세가 없다-병법 35개조 33조항

든 어떤 자세로 칼을 들었든 간에 오로지 적을 베겠다는 마음 가짐이다. 이를테면 상단으로 자세를 잡았어도 경우에 따라 칼을 약간 숙이면 중단이 되고, 중단 자세에서도 약간 치켜든다면 상단이 된다. 하단으로 잡았을 경우 역시 조금 올려 잡으면 중단이 된다. 양 옆자세도 약간 가운데로 내밀면 중단이나 하단이 된다. 따라서 자세가 있되 자세가 없다는 이치이다.

우선 큰칼을 든 다음은 어떻게든 적을 베는 것이 중요하다. 만약 적이 후려치는 큰칼을 받거나, 치거나, 맞서거나, 버티거나 하는 일이 모두 적을 베기 위한 수단임을 명심하라. 받는다, 친다, 맞선다, 버틴다 라는 것에 정신을 쏟으면 결코 적을 벨 수 없다. 그 무엇이든 적을 베기 위한 수단이라는 생각이 철저히 박혀 있는 것이 중요하다. 이 이치를 잘 음미해야 한다.

큰 육박전에 비유한다면 대열을 짜는 일이 이 검법의 자세에 해당된다. 이 역시 전투에서 이기기 위한 수단이다. 모름지기 한 가지 틀에 박히는 것은 좋지 않다. 잘 연구해야 할 것이다.

"자세가 있으면서도 자세가 없다"라는 말은 틀에 박히는 것을 엄히 경계하는 말이다. 본래의 목적을 잃은 형식주의에 대한 날카로운 비판이다. 자세도 오로지 '적을 베기 위한 것'임을 강조하며 철두철미한 실용주의를 강조한다.

적을 칠 때는 일격에 쳐라

적을 칠 때의 박자는 일격에 쳐야 한다. 적과 내가 모두 큰칼을 멈추고, 적이 미처 판단이 서지 않았을 때를 포착하여, 내 몸을 움직임 없이, 주저함이 없이, 몹시 빠르게 단번에 치는 박자이다. 적이 큰칼을 빼고, 겨누고, 공격하려고 마음을 결정할 틈을 주지 않고 이쪽에서 선수를 쳐 내리치는 박자, 이것이 일격이다. 이 박자를 잘 익혀 순식간의 박자를 날렵하게 칠 수 있도록 단련해야 한다.

상대가 방심했을 때 쳐라

'두 호흡 박자법'[16]이란, 이쪽이 치려고 하면 적이 재빨리 물러날 때, 자기는 치려는 것처럼 거짓 액션을 취하여, 적이 물러서 약간 느슨해진 틈을 포착해 순식간에 내려치는 것이 바로 두 호흡 박자법이다.

여기에 쓴 것만으로는 좀처럼 어려울 것이나, 가르침을 받으면 금방 이해할 수 있다.

---

16) 두 호흡 박자법-적의 낌새가 빠를 때 자신이 치려는 듯이 하여 적의 동작의 틈을 치는 것. 병법 35개조 22조항

무념무상(無念無想)의 경지

적도 공격하려고 하고 자신도 공격하고자 할 때, 몸은 적을 치는 자세를 취하고 있고 정신 또한 적을 치는 데 집중되어 손은 어느새 자연스럽게 공중에서 세차게 적을 치는 것, 이것이 무념무상의 타격[17]이다. 이것은 매우 중요한 타격법으로 자주 겪게 되는 검법이다. 잘 익혀 단련해야 할 것이다.

온힘을 모아 추진하라

유수(流水)의 법칙.[18] 적과 내가 서로 비등한 실력으로 대치하고 있을 때 적이 서둘러 공격하려 들거나, 재빨리 비키려고 하거나, 빨리 큰칼을 치려고 할 때, 이쪽은 심신에 여유를 가지고 칼이 이에 따라 움직이게끔 하고, 천천히 마치 물줄기가 고여들듯 일단 정지하는 것처럼 크고 강하게 치는 것이다. 이 병법을 습득하면 확실히 잘 칠 수 있다. 이 경우 적의 수준이며 역량을 간파하는 것이 중요하다.

---

17) 무념무상의 타격-형상에 구애받지 않는 초연한 경지. 병법 35개조 22조항
18) 유수의 법칙-받을 때 매우 느리게 가운데로 가라앉듯이 하여 틈새를 치는 것, 느린 박자법. 병법 35개조 22조항

시도할 수 있는 방법은 모두 시도하라

연속적인 검법.[19] 이쪽이 치고 나갈 때 적은 반격을 가해오든지 피하든지 한다. 이 순간을 포착해 한 동작으로 상대의 머리건 손이건 발이건 칠 수 있는 곳을 가리지 않고 친다. 큰칼이 미치는 곳이면 무엇이든지 어디든 친다는 것이 이 검법이다. 이것은 자주 만나는 병법이다. 이론보다는 실제로 자주 단련하여 분별력을 키워야 한다.

빠르게 강하게 쳐라

석화(石火)의 병법. 이것은 적의 칼과 내 쪽의 큰칼이 맞설 때 자신의 큰칼을 조금도 치켜들지 않고 매우 강하게 치는 법이다. 이것은 발과 몸, 손, 이 셋의 힘을 강하게 모아 재빠르게 쳐야 한다. 이것은 자주 익히지 않으면 활용할 수 없다. 잘 단련하면 강하게 대적할 수 있다.

상대의 시도를 철저히 차단하라

낙엽 병법. 적의 칼을 쳐서 떨어뜨린 다음 적을 치는 자세이

---

19) 연속적인 검법-자기 몸과 마음과 큰칼 모두 늘 치고자 하는 마음가짐. 병법 35개조 27조항

다. 적이 큰칼을 들어 치거나 때리거나 맞받으려 할 때, 자신은 무념무상의 병법 또는 석화의 병법으로써 적의 큰칼을 강하게 내려친 다음, 그대로 쓸어내리듯이 칼끝을 아래로 쳐내리면 적의 칼은 반드시 떨어지게 된다. 이 역시 잘 단련하면 충분히 이룰 수 있다.

생각과 행동을 함께 하라

'큰칼을 대신 하는 몸'[20]이라는 검법. 반대로 '몸을 대신하는 큰칼'이라고도 할 수 있다. 적을 칠 때 큰칼과 내 몸이 한꺼번에 칠 수는 없다. 칼을 휘두르는 적의 상황에 따라 내 몸을 먼저 공격 자세로 잡은 다음 큰칼을 치는 것이다. 때로는 몸은 움직이지 않고 큰칼만 치는 일도 있지만, 대개는 몸부터 먼저 움직이고 큰칼은 이를 따라가는 법이다. 잘 음미하며 단련해야 한다.

계획에 의한 성공과 우연한 성공은 다르다

'치는 것'과 '닿는 것'[21]은 전혀 다르다. 친다는 것은 무엇이든 마음에 작정하고 확실히 치는 것이다. 닿는다는 것은 어쩌다 부

---

20) 큰칼을 대신하는 몸-큰칼을 쳐낼 때 몸은 따르지 않는 것. 또는 몸은 친다고 볼 때 큰칼은 나중에 치는 자세. 병법 35개조 15조항
21) 치는 것과 닿는 것-병법 35개조 12조항

닿치는 정도를 말한다. 아무리 강하게 부딪쳐서 적이 죽는다 해도 이것은 그저 '닿는 것'일 뿐이다. 치는 것은 마음먹고 행동하는 것이다. 잘 되새겨야 한다.

적의 손이든 발이든 내 칼에 닿는다는 것은 나중에 강하게 치기 위해 우선 닿은 상태에 지나지 않는다. 잘 익혀서 구별해야 한다.

'치는 것'과 '닿는 것'의 차이에 대해서는 인생의 승부에 임해서도 깊이 음미해볼 만하다. 이를테면 성공을 했을 때, 그것이 나 스스로의 실력과 계획에 따라 '치는 것'이었는가, 아니면 어쩌다가 성공에 '닿은 것'인가, 어느 쪽인가를 잘 살펴보지 않는다면 모처럼의 성공이 그것으로 끝나고 말 것이다.

온몸을 던져 도전하라

'짧은 팔 원숭이의 몸'[22]이라는 것은, 적과 대결할 때 함부로 팔을 내밀지 않는 마음가짐을 말한다.

적에게 접근할 때 조금도 팔을 내밀 생각을 하지 않고 적이

---

22) 짧은 팔 원숭이의 몸-좌우 손을 내밀지 않고 적에게 다가가는 것. 병법 35개조 29조항

칼을 내려치기 전에 몸을 재빨리 접근하는 방법이다. 팔을 내밀려고 하면 반드시 몸이 떨어지게 되므로 팔을 내밀 생각을 하지 않고 온몸을 재빨리 밀어붙여 버린다. 피차 손에 닿을 정도의 거리에서는 몸도 바짝 접근시키기기 쉽다. 잘 음미해야 할 것이다.

지나치게 술책을 쓰다가 도리어 그 때문에 실패하는 경우가 있다. 형식과 수단에 신경을 쏟다가 본래의 목적에서 멀리 벗어나는 경우 또한 그러하다. 이와는 반대로 정면으로 부딪쳐 성큼 다가섬으로써 목적을 이루는 경우도 많다.

일의 본질을 파악하라

마치 아교처럼 적에게 몸을 밀착시켜 떨어지지 않게 하는 것을 칠교(漆膠) 검법[23]이라 한다. 이때 머리도 몸도 발도 찰싹 붙여 강하게 달라붙는 것이다. 대개의 경우 얼굴과 발은 재빨리 붙여도 몸은 떨어지게 마련인데, 적의 몸에 자신의 몸을 바짝 붙이고 조금이라도 빈틈이 생겨선 안 된다. 잘 새겨야 할 것이다.

---

23) 칠교검법-몸이 닿지 않으면 적은 갖가지 기술을 부릴 것이다. 병법 35개조 28조항

위축되지 말고 모든 능력을 발휘하라

키재기.[24] 적에게 접근할 때는 어떠한 경우에도 내 몸이 움츠러들지 않도록 조심해야 한다. 허리, 머리를 똑바로 뻗치고 마음 놓고 적에게 쳐들어가라. 적의 얼굴과 나의 얼굴을 나란히 하여 키를 견주어보아 내 키가 크다고 생각될 때까지 마음껏 몸을 뻗쳐 바싹 밀어붙이는 것이 중요하다. 잘 연구해야 할 것이다.

'끈질김'와 '얽힘'은 다르다

끈질기게 맞서기. 적과 내가 얽혀서 맞싸울 때 이쪽의 큰칼을 저쪽의 칼에 접착시키는 듯한 기분으로 내 몸을 밀어붙임을 말한다. 접착제를 붙인 듯 적이 쉽사리 칼을 빼내지 못하도록 하되 너무 거세지 않게 밀고 나가야 한다. 적의 큰칼에 접착시키듯 공격해 들어갈 때는 조용히 서둘지 말고 할수록 좋다.

'끈질김'과 '얽힘'은 분명 다르다. 끈질김으로 밀어붙이면 강하지만, 얽혀서 들어가면 약한 법이다. 이것을 잘 분별해야 한다.

---

24) 키재기-서 있을 때의 자세. 몸을 움츠리지 말고 쭉 펴서 강하게 밀고 나가는 것. 병법 35개조 30조항

일에 있어서나 대인관계에 있어서도 폭넓게 적용되는 충고이다. 열심히 끈기있게 해나가고 있는 듯한데도 도무지 효과가 없고 오히려 역효과만 나는 경우가 있다. 이는 본인은 '끈질김'으로 밀어붙이고 있다고 생각하나 실은 한낱 '얽혀들고' 있기 때문이다.

몸으로 부딪쳐라

몸으로 부딪치기. 내 몸을 날려 적에게 부딪치는 자세이다. 이때 내 얼굴을 조금 돌려 왼쪽 어깨를 내밀고 적의 가슴에 부딪친다. 부딪칠 때는 있는 힘을 다해 힘껏 부딪치는데, 호흡을 맞춰 솟구치듯이 단호하게 뛰어든다. 이것을 익히면 적을 2~3간(間, 4~5미터)쯤 날려버릴 수 있을 만큼 강해져서, 적이 죽어버릴 정도로 무서운 힘을 발휘하게 된다. 잘 단련해야 한다.

적극적으로 맞서라

방어법에는 세 가지가 있다. 첫째, 적이 치는 큰칼을 받을 때 자신의 칼이 적의 눈을 찌르는 듯한 자세를 취함으로써 적의 칼끝을 자신의 오른쪽 어깨로 흘려 이를 피하는 것이다. 둘째, 공격해오는 적의 칼을 피해 이쪽에서는 오른쪽 눈을 찌르듯이, 목을 찌르듯이 하여 고개를 숙이는 기분으로 달려들어 적의 큰칼을 막는 것이다. 셋째, 적이 공격할 때, 내가 짧은칼을 가졌을 경우, 상대의 큰칼을 막는 데 신경쓰지 말고 내 왼손으로 적의 얼굴을 찌를 듯이 쳐들어간다.

이상이 세 가지 방어법이다. 어느 경우건 왼손 주먹을 쥐고 얼굴을 찌를 듯이 해야 한다. 잘 단련해야 할 것이다.

방어법이란 본래 수동적인 것이나 한낱 수동에 그치지 않고 적의 급소를 적극적으로 공격함으로써 능동으로 바뀌는 법이다. 그러면서 국면을 전환시킬 수 있는 것이다. 일에 쫓겨 못견딜 때가 있다. 그때도 일에 쫓기고 있다고 생각하면 안된다. 내가 쫓기는 듯이 보이겠지만 내가 일을 쫓는 것이다, 라고 생각하면 국면이 바뀐다. 또 그런 방법밖에 없다.

정공법으로 나가라

얼굴 찌르기. 적의 실력과 자신의 실력이 막상막하일 때, 각자의 큰칼을 사이에 두고 적의 얼굴을 자신의 큰칼 끝으로 찌르려는 마음으로 계속 신경을 곤두세우는 것이다. 적의 얼굴을 찌르려는 기색을 보이면 상대는 얼굴과 몸을 뒤로 젖히게 될 것이다. 적이 자세를 뒤로 하면 갖가지 이길 수 있는 허점이 생긴다. 잘 연구해야 한다.

싸우는 동안에 적이 몸을 뒤로 젖히면 이미 이긴 것이나 다름없다. 따라서 안면을 찌른다는 마음을 항상 잊어서는 안 된다. 병법을 연마하는 동안 이처럼 유리한 방법을 익히기 위해 잘 단련해야 할 것이다.

사람과 협상·담판을 지을 때도 마찬가지다. 내 의견이나 생각을 정확하게 전하기 위해서는 상대의 얼굴을 바라보고 눈을 보면서 말한다. 그래서 상대가 시선을 돌리면 납득했든가 아니면 거부인 것이다.

상황이 좋지 않을 때는 상대의 핵심을 찔러라

가슴 찌르기. 싸우는 동안 위아래가 낮고 옆도 막힌 비좁은 곳에서 도저히 적을 벨 수 없을 경우, 내 칼끝으로 적을 찌르는 방법이다. 공격해 오는 적의 큰칼을 피하기 위해서는 자신의 칼등을 적과 수직 방향으로 잡아 그 칼끝이 빗나가지 않도록 일단 끌어당겼다가 적의 가슴을 찌른다. 만약 자신이 지치거나 칼쓰기가 여의치 않을 때는 이 병법을 사용하게 된다. 잘 판단해서 활용하라.

호흡이 중요하다

갓·톳(喝咄) 박자.[25] 적을 공격해 제압하려 할 때 상대가 다

---

25) 갓·톳 박자-칼등은 적을 향하고 왼발은 8촌(24센티) 정도 내밀고 칼을 들어올려 찔러야 한다. 발은 큰칼을 들어올릴 때 같이 올리고 베고 나면 발을 땅에 딛는다. 발을 내딛는 것은 적이 있는 거리에 따른다.

시 되받아치면 아래에서 칼을 들어 찌르듯이 되받아치는 것을 말한다. 반드시 빠른 박자로 '갓' 하며 치켜 찌르며, '톳'하며 내려치는 호흡이 중요하다. 결투할 때 흔히 이런 호흡으로 싸우게 된다.

갓·톳의 비결은 칼끝을 올리는 기분으로 적을 찌른다고 생각하고, 치켜듦과 동시에 내리치는 박자이다. 잘 연마하여 음미해야 한다.

기선을 잡아라

맞받기. 적과 싸울 때 투닥투닥 박자가 맞지 않아 적이 치는 것을 내 큰칼로 맞받아 치는 것이다. 맞받기는 그렇게 세게 맞서거나 받는 것이 아니다. 적이 공격하는 큰칼을 털어내듯이 막자마자 재빨리 적을 치는 것이다. 상대의 칼을 털어내듯이 함으로써 기선을 잡는 것이 중요하다. 이 박자가 익숙해지면, 적이 아무리 강하게 공격해 와도 이를 가볍게 털어내듯 한다면 몰릴 일이 없다. 잘 익혀 음미해야 한다.

급한 일부터 먼저 처리한다

혼자 많은 적과 싸울 때는 큰칼과 작은칼을 모두 뽑아 좌우로 넓게 큰칼을 옆으로 하여 사세를 취한다. 적이 사방에서 덤벼도 한쪽으로 몰아가며 싸운다.

적이 덤빌 때 어느 쪽이 먼저고 어느 쪽이 나중에 덤비는지 잘 파악하여 먼저 달려드는 자와 우선 대적한다. 전체의 움직임을 파악하고 적이 칼을 치는 순간을 붙잡아 큰칼과 작은칼을 단번에 교차시켜 적을 벤다.

앞서 가는 큰칼로 앞쪽의 적을 베고, 칼을 끌어당기며 옆에서 공격하는 적을 벤다. 큰칼을 교차시킨 후 꾸물거려서는 안 된다. 재빨리 양옆을 대비하는 자세로 고쳐잡고 적이 다가오는 순간을 잡아 강하게 공격해 들어가 그대로 밀어붙여 적의 태세를 무너뜨린다.

어쨌든 물고기떼를 몰아 한줄로 꿰는 식으로 적을 몰아붙여야 한다. 적이 흐트러져 보이면 그대로 틈을 주지 말고 강하게 치고 들어간다.

적이 몰려 있는 곳만을 정면으로 쫓기만 하면 오히려 상황이 불리해진다. 또한 적이 나오는 수를 기다리면 진척이 없다. 적이 움직이는 박자를 파악하여 어떻게 하면 상대가 무너지는가를 궁리한 다음에 이기도록 하라.

기회 있을 때마다 상대를 모아놓고 쫓아가는 방법을 수련하여 익숙해지면, 10~20명의 적도 한 사람의 적처럼 수월하게 처리할 수 있다. 잘 연마하여야 할 것이다.

승리의 비결을 터득하라

병법·검법에서 승리를 얻는 비결을 깨닫는 것이다. 글로써 세세하게 나타낼 수 있는 것이 아니다. 잘 연마하여 승리의 길을 깨우칠 뿐이다. 이는 무예의 진수라고 할 수 있는 큰칼의 검법을 말한다. 이는 말로써 전한다.

단 한 번에 끝내라

이 '일격'이라는 마음을 가지면 확실히 이길 수 있다. 이것은 충분히 병법을 연마하지 않으면 깨달을 수 없다. 이것을 잘 단련하면 병법을 내 마음대로 사용하여 생각한 대로 승리할 수 있다. 잘 연마해야 할 것이다.

통찰력을 길러라

직통(直通)의 마음.[26] 이는 니토이치류(二刀一流)의 진정한 길을 깨달아 전하는 것이다. 잘 연마하여 이 병법에 몸을 익히는 것이 중요하다. 말로써 전한다.

위에 적은 것은 니텐이치류의 검술을 대략 기록한 것이다. 병

---

26) 직통의 마음-니텐이치류의 근본 의미를 말한다. 병법 35개조 35조항

법에 있어서 큰칼로써 상대에게 이기는 법을 터득하면, 우선 다섯 가지의 자세를 알게 되고, 큰칼의 도(道)를 깨달아 온몸이 자유롭게 되며 바른 판단력이 생기고 검법의 박자를 터득하게 된다. 스스로 큰칼의 진리를 깨우치게 되고, 몸도 발도 생각대로 원활히 움직여 자유자재가 된다.

한 사람을 이기고 두 사람을 이기고 스무 명을 이겨, 병법의 옳고 그름을 깨닫게 된다. 이 글의 내용을 한 조항씩 연마하여 적과 싸우며 차차 이 도의 이치를 터득하게 된다. 끊임없이 명심하되, 서두르지 말고 여러 사람과 대결함으로써 상대의 정신을 파악해 어떻게 하면 이길 수 있는가 이치를 깨닫는다. 천리 길도 한 걸음씩 가는 법이다.

병법의 도를 깨우치는 것을 무사의 소임으로 알며, 찬찬히 정진한다. 오늘은 어제의 자신에게 이기고, 내일은 한 수 아래인 자에게 이겨서, 훗날에는 한 수 위인 자에게 이긴다고 생각하고 여기에 적힌 대로 단련을 하며 한눈을 팔지 않도록 하라.

아무리 많은 적과 싸워 이겨도 원칙에 따른 것이 아니면 진정한 도라고 할 수 없다. 이 이치를 깨닫게 되면, 혼자서 수십 명에게 이길 수 있는 비결을 터득하게 된다. 그렇게 되면 검술의 지력(智力)으로써 1대 1 싸움이거나 많은 적과 싸울 때 능히 승리를 얻게 될 것이다.

1천 일의 연습을 단(鍛)이라 하고, 1만 일의 연습을 연(練)이라 한다. 잘 음미해야 할 것이다.

무사시는 "오늘은 어제의 자신에게 이기고, 내일은 한 수 아래인 자에게 이겨서, 훗날에는 한 수 위인 자에게 이긴다"고 가르쳐 한발 한발 단련할 것을 가르친다. 개인의 능력을 철저히 길러야만 조직 내에서 이길 수 있는 것이다.

쇼호(正保) 2년(1645) 5월 12일

신멘 무사시(新免武藏)가 데라오 마고죠(寺尾孫丞)에게

제
3
장

불(火)의 장

철저한 준비와 전략을 세워라
불(火)의 장[27]

　나의 니토이치류(一刀二流)의 검법에서 싸움을 불(火)의 힘에 비유하고, 승부에 관해 '불'의 장이라 이름 붙여 여기에 기록하고자 한다.

　우선 세상 사람들은 병법의 도리를 과소평가하여 말초적인 기교로 여기고 있다. 어떤 자는 손가락 끝으로 손목의 세 치, 다섯 치의 이치를 안다고 하고, 혹은 부채를 가지고 팔꿈치로부터

---

27) 실전에 임해서 적에게 이기기 위한 깨달음을 27항으로 나누어 논하고, 각각을 음미하여 단련, 연구, 분별할 것을 말하고 있다.

손끝의 움직임으로 승부를 터득할 수 있다고 여긴다. 또한 죽도(竹刀) 따위로 손놀림과 발놀림을 배워 적보다 약간 선수를 쳐서 유리한 입장에 놓으려고만 하고 있다.

나의 검법은 매번의 승부에 목숨을 걸고 싸움으로써 죽느냐 사느냐의 이치를 터득하는 것이다. 검(劍)의 정신을 알고 공격해 오는 적의 칼의 강약을 판단하며, 큰칼의 도리를 알고 적을 쓰러뜨리기 위한 단련을 쌓는 것이다. 손끝으로 연연하는 잔재주와는 비교할 수 없다.

특히 여섯 가지 무구(武具, 방패 투구 등 갑옷의 한벌)를 갖춘 실전의 장에서는 이런 잔재주에 의한 요행만을 가지고는 승리할 수 없다.

더욱이 목숨을 건 싸움에서 혼자서 다섯 명, 열 명과도 싸워 승리의 길을 확실히 몸에 익혀가는 것이 나의 병법의 도이다. 그러므로 한 사람이 열 명을 이기는 것이나, 천 명이 만 명을 이기는 것이 다르지 않다. 잘 음미해야 한다.

그러나 평소 연습할 때 천 명, 만 명을 모아 놓고 할 수는 없는 일이다. 비록 혼자 큰칼을 가지고 연습한다 해도 그때그때 적들의 전략을 간파하고 적의 강하고 약함, 수단을 짐작하고 병법의 이론으로써 모든 자에게 이기는 데까지 통달하고 나서야 이 도의 달인이라 할 수 있다.

니텐이치류의 진정한 도는 세상의 그 누가 참뜻을 깨우칠 수 있겠는가. 어떻게든 밝혀보리라 확실히 작정하여 밤낮으로 단련하고 연마한 후에는 스스로 자연히 뜻한 바를 얻고 뛰어난 역량을 발휘하고 신통력을 얻는 것, 이것이 무사로서 승부의 원칙을 실천하는 마음가짐이다.

주어진 여건을 최대한 유리한 쪽으로 이용하라

위치 정하기. 싸움을 할 때 자신이 어떠한 상태에 있는가를 살피는 것은 아주 중요하다. 싸움의 위치를 정할 때는 태양을 등지고 서야 한다. 만약 장소에 따라 태양을 등질 수 없을 때는 오른쪽에 태양이 오도록 자세를 잡아야 한다.

실내에 있어서도 마찬가지로 불빛을 등지거나 오른쪽 옆에 오도록 한다.

등뒤가 막히지 않도록 하고 왼쪽 옆을 넓게 하고 오른쪽은 좁혀서 태세를 갖추도록 하라.[28] 밤에도 적이 보이는 곳이라면 불을 등뒤로 하고 불빛을 오른쪽 옆에 두어야 한다.

적을 내려다볼 수 있도록 조금 높은 곳에 위치해야 한다. 실내에서는 상석을 차지하라.

---

28) 2도의 성질상 적에게 자기의 오른쪽을 공격당하지 않도록 하는 데 유리하다.

장소, 환경, 조건이 유리한 것과 불리한 것이 있다. "여건이 안 좋아서" "자금이 없어서" 등등 이유를 말한다. 조건이 나쁘면 무리하게 그 조건에 따를 수만은 없다. 그런데 눈앞의 태양을 뒤로 돌릴 수는 없지만 내가 180도 방향을 바꾸면 태양이 뒤로 온다. 주어진 여건을 움직일 수 없다면 나를 조건에 맞추어서 유리하게 바꾸면 되지 않는가. 나쁜 조건 같아도 자기와의 관계를 잘 궁리해보면 아무 걸림돌이 되지 않는다. 반대로 좋은 조건이라고 생각했던 것이 실은 악조건이었다는 경우도 흔히 있다. "싸움의 장(場)의 상태를 잘 살펴야 된다"는 무사시의 말은 이와 같은 내용을 말하는 것이다.

일단 싸움이 시작되면 적을 자기의 왼쪽으로 몰도록 하라. 불리한 곳을 적이 등지게 하도록 몰아붙이는 것이 중요하다. 이런 불리한 곳으로 몰린 것을 적이 눈치채지 않도록 적이 사방을 살필 새 없이 방심하지 말고 몰아붙인다. 방 안에서는 문지방, 문틀, 미닫이문, 마루, 기둥 등과 같은 곳이 불리한 쪽인데, 여기로 적을 몰아붙일 때 역시 상대에게 '싸움의 장(場)'을 살필 틈을 주지 말아야 한다.

어느 경우건 적을 몰아붙일 때는 발판이 나쁜 곳, 또는 옆에 장애물이 있는 곳 등으로 몰아서 내 위치를 유리하게 살려 우위에 선다는 것이 중요하다. 잘 음미하여 단련해야 한다.

적이란 무엇인가? 적도 나와 똑같은 인간이다. 신체 조건은 마찬가지란 의미이다. 실력도 큰 차이가 없다고 보는 것이 좋을 것이다. 이런 실력 조건은 배제해 놓고 보자. 그것은 어차피 달라질 수 없기 때문이다. 변경될 수 있는 것은 적과 장소(조건)의 관계뿐이다. 상대도 아니고 조건도 아니고, 상대와 조건의 관계이다.

그리고 그것은 위치를 바꿈으로 해서 얼마든지 유리한 국면으로 뒤집을 수 있는 조건인 것이다. 그리고 승리(목표 달성)란 적(난관)을 하나 하나 제거해 없애버리는 일이다. 일의 완성이라든가 문제 해결도 마찬가지다.

선수(先手)를 쳐라

선수(先手)를 치는 데는 세 가지 방법[29]이 있다. 그 하나는 이쪽에서 먼저 공격해 선수를 치는 법, 즉 '거는 선수'라고 한다. 또 하나는 적이 자기에게 덤벼들어 선수를 치는 법, 즉 '기다려 잡는 선수'이다. 마지막 하나는 이쪽과 적이 동시에 치는 선수, 즉 '맞서는 선수'이다.

어떤 싸움에 있어서도 처음에는 이 세 가지 선수밖에는 없다. 어떤 선수로 기선을 제압하느냐에 따라 재빠른 승리를 얻을 수 있기 때문에 선수라는 것은 병법에서 아주 중요하다.

이 선수에 세세한 것들이 있지만, 어떤 선수를 취하는가는 그

---

29) 세 가지 선수-병법 35개조 13조항

때그때의 상황에 따라 적용해야 하며, 적의 마음을 간파하고 검법의 지혜로써 이겨야 하는 것이다. 이들을 자세하게 기록할 수는 없다.

첫째 '거는 선수'. 이쪽에서 먼저 덤벼들려고 할 때, 조용히 있다가 느닷없이 재빨리 공격하는 방법을 말한다. 몸의 움직임은 빠르고 거세게 덤벼들되, 마음에 여유를 두는 방법이 있다. 또 잔뜩 긴장하고 발을 빠른 속도로 다가가 적의 측면에서 단숨에 날카롭게 공격하여 적을 압도하는 방법도 있다. 또한 심리전으로 적의 마음을 교란시켜 약하게 한 뒤 꺾어버리는 방법도 있다. 어디까지나 강한 마음을 가지고 승리해야 한다. 이것이 '거는 선수'이다.

둘째 '기다리는 선수'. 비록 적이 먼저 공격해올 때도 거꾸로 이쪽에서 선수를 칠 수가 있다. 조금도 당황하지 말고 조용히 막다가, 적이 가까이 오면 뒤로 쓱 물러나 도망가는 것처럼 보여 적이 방심하는 듯하면 단숨에 공격함으로써 승리한다. 또 적이 달려들 때 이쪽에서 더욱 세게 나가면 적의 공격의 박자가 흐트러지고 이 틈을 타 단번에 승리를 거두는 것, 이것이 '기다리는 선수'이다.

셋째 '맞서는 선수'. 적과 동시에 격돌해서도 이쪽에서 먼저 선수를 칠 수 있다. 즉, 상대가 빠르게 덤벼들면 이쪽은 조용하면서도 강하게 막아내고, 적이 가까이 오면 물러나는 기미를 보였다가 적이 방심하는 듯 보일 때 대담하게 덤벼들어 승리한다. 또 적이 조용히 접근할 때는 자기의 몸을 들뜬 듯이 보이게 해서 조금 빨리 공격을 유도하고, 적이 접근하면 한 차례 접전을 벌인 뒤 적의 허점을 틈타 강하게 공격해 이긴다. 이것을 상세히 기록하기는 힘들다. 이 글을 유념하여 연구해야 한다.

이 세 가지 선수는 경우와 상황에 따라 언제나 이쪽에서 선제 공격을 하라는 뜻은 아니지만, 되도록 이쪽에서 먼저 기선을 잡아 적을 혼란케 하여 승리를 얻어낸다. 어쨌든 선수란 병법의 중요한 전력으로써 반드시 이기도록 하는 것이다. 잘 단련해야 한다.

기선을 제압하라

"베개 누르기."[30] 적의 머리를 들지 못하게 하는 것이다. 승부의 길에 있어서 적에게 휘둘려 수세에 몰리는 후수(後手)에 이르는 것은 좋지 않다. 어떻게 해서든 적을 후수로 돌려야 한다. 그러므로 적도 이쪽과 마찬가지로 그렇게 생각하겠지만, 적의 공격 방향을 간파하지 못하면 선수를 잡을 수 없다.

---

30) 베개 누르기-병법 35개조 23조항

검법에서 적의 공격을 막고 찌르고자 함을 제압하여 상대가 몸으로 달려들 낌새이면 이를 떨쳐내는 것이 '베개 누르기'이다. 이것은 나의 병법의 핵심을 터득하여 적과 맞설 때 적의 의도를 간파하여 적이 치려고 하는 행동을 꺾어 눌러 주저앉히는 것이다. 이를테면 적이 달려들거나 뛰거나 베려고 하면 그 돌출부를 제압하는 것이다.

적이 자신에게 전술을 걸었을 때 쓸모가 없는 것이면 하는 대로 놔두고, 그렇지 않으면 억눌러 적을 꼼짝 못하게 하는 것이 병법에서 중요하다.

적의 공격을 막자고만 하는 것도 후수(後手)인 것이다. 적이 술수를 쓰려고 할 때 검법의 도(道)에 따라 막고, 적의 선수가 전혀 소용없도록 만들어 상대를 내 마음대로 휘두르는 것, 이것이 병법의 참뜻을 터득한 달인이다. 이는 충분한 단련으로 가능하다. '베개 누르기'를 잘 새겨야 할 것이다.

의지로써 위기를 극복하라

"도(渡)를 건넌다"[31]는 것, 예컨대 바다를 건널 때는 좁은 해협도 있고, 40~50리나 되는 긴 바닷길을 건너는 경우도 있다.

---

31) 도(渡)를 건너기-병법 35개조 14조항

인간이 세상을 헤쳐나가고 죽음에 이르기까지는 수많은 위기를 만난다.

뱃길을 알고 그 건널 곳을 알며, 배의 위치를 알고 날씨의 상태를 잘 알아, 날씨가 좋다고 판단되면 뒤따르는 배가 나오지 않아도 혼자서도 나갈 때가 있다.

상황에 따라 순풍을 받아 나아갈 때도 있고, 혹은 풍향이 바뀌어도 20~30리는 노를 저어서라도 뭍에 닿겠다는 일념으로 배를 움직이고 도(渡)를 건넌다. 인생에 있어서도 이와 같은 마음가짐으로 전력을 다해 파도를 넘는다고 스스로를 타이르지 않으면 안된다.

싸울 때에도 이와 마찬가지이다. 적의 전력을 알고 자기의 특기를 잘 알아서 병법의 이치로써 '도(渡)를 넘는' 것이니, 노련한 뱃사공이 바다를 건너는 것과 같다.

'도(渡)를 넘고' 나면 다시 편안한 상태가 된다. 그럼으로써 적은 열세에 빠지고 자신은 우위를 차지하게 된다. 이런 경우 대개는 승리를 거둘 수 있게 된다. 작은 전략이나 큰 전략에 있어서 '도(渡)를 넘는다'는 것은 아주 중요하다. 잘 음미해야 할 것이다.

위기를 극복하는 상황판단, 자신의 능력, 이로운 요인과 불리한 요인이 무엇인지를 잘 판단하여 도중에 상황이 불리하게 되었어도(풍향이 바뀌었어도) 스스로의 노력만으로(배의 노를 저어) 뭍에 닿고야 만다는 각오로써 출항을 한다.

상대의 약점을 파악하라

기세 파악하기.[32] 이것은 대부분의 병법에서 적의 사기가 높으냐 떨어져 있느냐를 간파하여, 장소의 상태와 적의 기세를 가늠하는 것이다. 그러고 나서 아군을 움직이고 전략을 세움으로써 승리에 대한 확신과 전망을 가지고 싸우는 것을 말한다.

또한 1대 1의 승부에 있어서도 적의 유파를 헤아리고 상대의 성질을 파악해, 그 사람의 강점과 약점을 찾아낸다. 이렇게 해 적의 의표를 찔러 전혀 다른 박자로 공격하며, 상대가 세게 나오는 경우와 약해지는 구석, 그 변화의 간격과 타이밍을 포착해 선수를 치고 나가는 것이 중요하다.

모든 기세 판단은 자신의 지력이 뛰어나면 반드시 간파할 수 있는 것이다. 검법을 통해 자유자재의 몸이 되면 적의 마음속까지 꿰뚫어 승리를 차지할 수 있는 숱한 방법을 터득하게 된다.

---

32) 기세 파악하기-병법 35개조 24조항

충분히 연구하라.

상대를 알고 허(虛)를 찔러라. 이것은 병법의 기본이며 지극히 당연한 것
으로 여겨지나, 무사시의 승부의 기록을 살펴보면 단순한 이론을 얘기하
는 것이 아니라 그가 목숨을 건 실전에서 터득한 바임을 알 수 있다.

상대보다 우위에 서라

검 밟기.[33] 이것은 병법에서 흔히 쓰는 말이다. 집단의 전투에
서 적이 활이며 총을 쏘고 나올 때면 똑같이 적에게 맞서고, 그
뒤에 적의 공세가 일단락지어지면 공격해 들어간다. 화살을 매
기고 총포에 화약을 넣고만 있으면 어느 세월에 적진에 쳐들어
갈 것인가. 적이 활이나 총포로 공격하는 동안에 재빨리 쳐들어
가면 적이 활과 총을 쏘기도 어렵다. 그때그때 적이 공격을 해오
면 도리어 이쪽에서 맞받아 치면서 짓밟아 버리고 좌절시켜 승
리하는 이치이다.

또한 1대 1의 싸움에서도 적이 큰칼로 쳐들어올 때 막기만 한
다면 털컥털컥 걸리듯이 쉽사리 결말이 나지 않는다. 적이 큰칼
로 공격할 때는 발로 밟아 버리는 기분으로 맞받아 쳐서 두 번

---

33) 검 밟기-병법 35개조 17조항

다시 적이 공격할 수 없게 해야 한다. 밟는다는 것은 발로 밟는 것만 뜻하지 않는다. 몸이나 마음으로도 밟을 수 있고 물론 큰 칼로도 밟을 수 있다. 다시는 적이 공격해 오지 못하게 하는 것이다.

이것은 즉 모든 싸움에서 기선을 잡는다는 이치다. 적의 공격과 동시에 쳐나가는 것이지만, 저돌적으로 충돌한다는 의미가 아니라, 곧바로 밀어붙이는 박자로 쳐야 하는 것이다. 잘 음미해야 한다.

상대가 무너질 때를 놓치지 말라

무슨 일이든 '허물어질 때'가 있는 법이다. 집이 허물어지고 몸이 허물어지고 적이 허물어지는 것 모두 때가 되어 박자가 어긋나 허물어지는 것이다. 많은 수의 싸움에서 적이 허물어지는 박자를 알고 그 순간을 포착하여 추격하는 것이 중요하다. 허물어지는 순간을 놓치면 적에게 다시 태세를 고쳐잡는 기회를 허용하는 결과가 되기 때문이다.

또한 1대 1의 승부에서도 싸우는 동안에 적의 박자가 어긋나 허물어지는 순간이 있다. 그때를 놓치면 적은 다시 되살아나서 새롭게 공격해 오는 것이다.

그 허물어지는 순간에 일격을 가해 적이 다시 얼굴을 들지 못하도록 확실하게 몰아붙이는 것이 중요하다. 이는 적이 다시 회복하지 못하도록 단숨에 강하게 치는 것이다. 친다는 것은 잘 분별해야 한다. 순간을 놓치면 늘어지기 십상이다. 잘 연구해야 할 것이다.

적의 입장이 되어 판단하라[34]

"내가 적이 된다"는 것은 적의 입장이 되어 바꿔 생각함을 말한다. 세상사를 보면 집안에 든 도둑이 관헌과 대치할 때 사람들은 도둑을 집 안에 가둬 놓고 그 도둑을 강하다고 생각한다.

그러나 도둑의 입장이 되어 보면 세상 사람에게 쫓겨 들어와 어쩔 수 없는 진퇴양난에 빠진 기분일 것이다. 갇힌 것은 꿩이고 잡으러 들어가는 것은 매가 된다. 잘 생각해야 한다.

많은 수의 싸움에서 적을 강하게 생각하고 조심하다 보면 소극적으로 된다. 그러나 잘 훈련된 부대를 가지고 병법의 도리를 잘 알아서 적에게 이기는 이치를 잘 깨달으면 아무 염려할 것이 없다.

1대 1의 싸움에서도 적의 입장에서 생각해 보라. 누구든지 병

---

34) 적의 입장이 되어 판단하라-적의 심리상태를 분석 추리하여 적을 대할 필요성을 말한다. 병법 35개조 25조항

법을 잘 터득해 검법에 밝고 그 길의 달인이라 할 자와 맞서게 되면 반드시 지고 만다고 지레 생각할 것이다. 이 점을 잘 음미해보라.

상대를 객관적으로 관찰함으로써 뜻하지 않게 새로운 것을 발견할 때가 있다. 아무리 상대가 완벽한 것 같아도 인간의 능력과 생각하는 것에는 큰 차이가 없다. 입장을 바꾸어 생각해보기만 해도 상대의 심정과 행동을 짐작한다는 것이 결코 불가능한 일은 아니다.

진전이 없을 땐 다른 방법을 강구하라

네 개의 손(四手)을 푸는 것.[35] 적과 자신이 같은 생각과 전략으로 겨루게 된다면 교착 상태가 되어 싸움이 결판나지 않는다. 팽팽하게 교착 상태가 되었다고 생각하면 그때까지의 전법을 버리고 다른 전략으로 이길 생각을 해야 한다.

집단간의 싸움에서 교착 상태에 이르면 결말이 나지 않고 많은 병사만을 잃게 된다. 빨리 그 전략을 버리고 적의 의표를 찌르는 방법으로 승리해야 한다.

---

35) 네 개의 손을 푸는 것-승부의 결말이 나지 않을 때는 단념하고 그 묶은 손을 푼다. 병법 35개조 20조항

또한 1대 1의 싸움에서도 교착 상태라고 생각되면 전략을 바꾸고 적의 상태를 파악하여 각각 다른 수단으로써 승리를 얻는 것이 중요하다. 잘 분별해야 한다.

무사시의 유연한 합리주의가 드러나 있다. 지루한 소모전을 벌여 손해를 보느니, 단호하게 다른 수단을 강구함으로써 활로를 찾아야 한다.

때로는 페인트 모션이 필요하다

그림자 움직이기.[36] 이것은 적의 의중을 알 수 없을 때 취하는 병법이다. 많은 수의 싸움에서 아무리 해도 적의 상황을 간파할 수 없을 때는 짐짓 이쪽에서 강하게 공격하는 듯이 꾸며서 적의 전술을 알아내는 것이다. 적의 의중을 파악하면 그때그때 각각의 방법으로 대응해 승리할 수 있다.

또한 1대 1의 싸움에서 뒤나 옆쪽에서 적이 큰칼을 가지고 있을 때, 적이 어떻게 공격해 올지 알 수 없을 때는 이쪽에서 갑자기 공격하면 상대의 계획한 바가 큰칼의 움직임에서 나타나게 된다. 적의 의도가 드러나고 이쪽은 그것에 대응하는 전술을 써

---

36) 그림자 움직이기-병법 35개조 19조항. 상대의 심중(心中)을 떠보는 전략.

서 확실한 승리를 거둘 수 있다.

그러나 그렇게 해서 적의 의도가 드러나도 이쪽이 방심하면 박자를 놓친다. 잘 음미해야 할 것이다.

상대의 동향을 파악하라

그림자 누르기.[37] 이것은 적이 공격하려는 의도를 보일 때 취하는 방법이다. 많은 수의 싸움에서 적이 선수를 칠 때 이쪽에서 그것을 알고 누르려 한다는 사실을 강하게 내비치면 적은 그 기세에 눌려 방법을 바꾸게 된다. 그러면 이쪽도 새로운 전법으로 바꿔 선수를 쳐서 이기는 것이다.

1대 1 싸움에서도 적의 강한 공격 의도를 결정적인 박자로 막아내고, 그런 후 이쪽은 승리의 길을 찾아내어 선수를 치는 것이다. 잘 연구해야 한다.

심리전에서 승리하라

옮겨놓기.[38] 모든 것은 '옮겨주기'가 있다. 졸음 같은 것도 옮겨지고 하품도 옮겨진다. 시간도 옮겨진다.

---

37) 그림자 누르기-병법 35개조 18조항. 태양의 그림자, 즉 움직임이 보이는 그림자. 적의 움직임을 파악하여 공격하는 전략.
38) 옮겨놓기-심리적인 유도 작전의 필요성을 설명하고 있다.

많은 수의 싸움에서 적이 변덕을 부려 서두르는 기색이 보일 때는 이쪽이 개의치 않는 듯 짐짓 느긋한 태도를 보이면 적도 그 영향을 받아 기세를 늦추게 된다. 그런 기분을 적에게 옮겨주었다고 생각되면 마음을 비우고 재빠르고 강하게 공격하여 이기는 것이다.

1대 1의 싸움에서도 자신의 몸과 마음을 느긋하게 보여 적이 방심한 틈을 타 강하고 빠르게 선수를 쳐서 이기는 것이다. 또 "취하게 한다"고 해서 이와 비슷한 것이 있다. 싫증이 나는 마음, 들뜬 마음, 약해지는 마음 등으로 상대를 유도하는 것이다. 잘 연구해야 한다.

상대의 균형을 잃게 하라[39)

균형을 잃게 하는 방법에는 여러 가지가 있다. 첫째로는 아슬아슬한 곳에서 위험을 느끼게 하는 것. 둘째, 역부족이라고 느끼게 하는 것. 셋째, 앞을 예측할 수 없게 하는 것 등이 그것이다. 이런 경우에 사람은 마음의 균형을 잃게 된다. 잘 음미해 보라.

많은 수의 싸움에서 상대 조직의 균형을 깨뜨리는 것은 아주 중요하다. 적이 예측하지 못한 곳을 거센 기세로 공격해 상대가

---

39) 상대 마음의 균형을 잃게 하기-상대의 심리적 동요를 노리는 전략.

생각을 정리하지 못하는 사이에 이쪽에서 선수를 쳐서 이기는 것이 중요하다.

또한 1대 1의 싸움에서도 처음에는 짐짓 느긋하게 보였다가 갑자기 강하게 공격하여 적이 우왕좌왕하며 당황할 때 그 틈을 타 승리를 얻는 것이 중요하다.

잘 음미해야 할 것이다.

상대에게 겁을 주라

위협하기.[40] 공포를 느끼는 것은 흔한 일로서, 생각지도 못한 일 때문에 두려움을 느끼는 것이다.

다수의 싸움에서 적을 위협하는 방법은 눈에 보이는 것만 있는 것이 아니다. 혹은 소리로도 위협할 수 있고 혹은 작은 병력을 크게 부풀려 위협하기도 하며, 옆에서 불시에 기습을 하는 것 모두 공포를 느끼게 하는 일이다. 그 적이 겁을 먹었을 때 그 타이밍을 이용해 승리하는 것이다.

1대 1의 싸움에서도 몸으로써 위협하고 큰칼로써 위협하며 소리로써 위협하여 적이 예상치 못한 곳에서 갑자기 공격하여 그대로 승리를 얻는 것이 중요하다. 명심하라.

---

40) 위협하기-공포심을 갖게 하는 것. 심리적 위축을 노리는 전략.

혼돈 속에서 돌파구를 찾아라

얽히는 것.[41] 이것은 적과 내가 접근하여 서로 강하게 맞부딪칠 때, 결말이 나지 않을 것이라 생각되면 그대로 적과 하나로 뒤얽혀 싸우고, 그렇게 얽혀 싸우는 동안에 작전을 세워 승리하는 것이다.

다수의 싸움이건 적은 수의 싸움이건 서로 대치하여 좀처럼 승부가 나기 어려운 때에는 그대로 적과 얽혀 서로 떼어놓을 수 없게 된다. 그 와중에도 유리한 전략을 세워 승리의 길을 알아내는 것이다. 잘 음미해야 한다.

급소를 쳐라[42]

"모난 귀퉁이를 쳐라." 강한 것을 칠 때는 정면에서 똑바로는 쉽게 깨지 못한다. 그 경우 모서리 각(급소)을 친다. 매사에 강한 것을 누를 때에 한 번에 전체를 누를 수가 없는 경우에 필요하다.

다수의 싸움에서도 적의 동태를 파악하여 특별히 강한 곳의 모서리를 공격하여 우위에 설 수가 있다. 모서리가 깨지면 전체

---

41) 얽히는 것-강적을 대하는 작전의 하나로 혼전 상태에 빠지는 것을 말한다.
42) 급소를 쳐라-강적을 대하는 작전의 하나.

도 약해져 차차 무너지고 만다. 그러는 동안에도 곳곳의 모서리를 공격해 승리하는 것이 중요하다.

1대 1의 병법에서도 적의 한쪽 모서리에 상처를 주어 조금씩 약해지고 허물어지면 쉽게 무너뜨릴 수 있다. 이것을 잘 연구하여 이기는 방법을 분별할 줄 알아야 한다.

상대를 당황하게 만들어라

허둥대게 만들기.[43] 이것은 적에게 싸우고자 하는 확실한 의지를 남겨주지 않는 것이다.

많은 수의 싸움에서도 적의 마음을 헤아리고 이 병법의 전략을 이용해 적의 마음을 교란시킨다. 여기로 저기로, 느리게 빠르게 하고 혼란스럽게 해 적을 허둥대게 만드는 순간을 포착해 승리를 이끌어낸다.

또한 1대 1의 싸움에서 박자에 맞춰 갖가지 전술을 써서 쳐들어갈 듯처럼 보이게 하고, 혹은 찌르는 듯이 혹은 파고 들어갈 듯이 보이게 해 적을 허둥대게 만들고 그 틈에 승리를 거두는 것, 이것이 중요하다. 잘 음미해야 한다.

---

43) 허둥대게 만들기-심리적인 동요를 노리는 전략.

소리로써 기세를 나타낸다

'세 가지 소리'[44]라는 것은 처음, 중간, 끝 소리로 구분한다. 소리는 기세를 나타내는 것으로서 불이 났을 때, 태풍이나 파도를 만났을 때 지르는 것이다.

많은 수의 싸움에서 처음에 지르는 소리는 상대를 위압하듯이 내고, 또 싸우는 동안에 내는 소리는 뱃속에서 내는 소리처럼 낮은 어조로 지르며, 승리하고 나서는 크고 강하게 함성을 지른다. 이것이 세 가지 소리이다.

또 1대 1 싸움에서도 적이 움직이면 쳐들어갈 듯이 "에잇"하고 소리를 지르며 곧바로 큰칼을 내리치는 것이다. 또 적을 쓰러뜨린 후에 지르는 소리는 승리를 알리는 소리이다. 이것을 '앞뒤[先後]의 소리'라고 한다.

큰칼을 내려치면서 동시에 크게 소리를 지르지는 않는다. 전투 중에 지르는 것은 박자를 맞추기 위한 소리로써, 낮게 지른다. 잘 새겨야 할 것이다.

---

44) 세 가지 소리 - '지르는 소리'의 전술적 의미를 논하고 있다. 무사시가 이용한 소리는 처음, 중간, 끝 셋 중에 처음의 소리인 '에잇'만을 기술하고 있지만, 아마 '에잇, 얏, 차'가 아닐까.

공격의 리듬을 타라

뒤섞이기.[45] 많은 수의 싸움에서 서로 대치하고 있을 경우, 적이 강하다고 판단될 때면 이 전략을 쓰는데, 적의 한쪽을 먼저 공격하여 허물어지는 듯이 보이면 재빨리 떨어져 또 다른 강한 쪽을 공격하여 좌우로 무너지게 한다.

혼자서 많은 적과 싸울 때 이 전략을 이용한다. 한쪽만 쓰러뜨리는 것이 아니라, 한쪽이 도망가면 또 다시 강한 쪽을 쳐서 적의 공격 박자를 파악하여 그 박자에 맞게 좌우로 움직이면서 쳐들어가는 것이다. 적의 역량을 관찰하며 공격하는 경우에는 한치도 물러서지 않을 결심으로 강하게 밀고 들어가야 한다.

혼자서 싸울 때도 적을 바짝 밀어붙일 때 적이 뜻밖에 강적이라면 마찬가지로 이 전략이 중요하다. 혼동시키고자 할 때는 한치도 물러나지 말고 상대의 판단을 흐리게 만들어야 한다. 이를 잘 분별해야 한다.

완전히 굴복시켜라

이것은 이를테면 적을 약하게 보고 자신은 강하다는 결의로써 단숨에 짓눌러 밟아버리는 방법이다.

---

45) 뒤섞이기-강력한 적, 많은 수의 적을 무너뜨릴 때 쓰인다.

싸울 때 적의 숫자가 적게 보이거나 또는 많은 수라고 해도 적이 당황하며 사기가 떨어진 듯 보이면 처음부터 위압적인 자세로 철저하게 눌러야 한다. 어설프게 짓누르면 되살아난다. 손 안에 쥐고 누르듯이 해야 한다.

또 혼자서 싸울 때도 상대가 실력이 딸리거나 호흡이 흐트러졌을 때, 또 도망치려고 할 때, 다시 되살아나지 못하도록 단숨에 짓누르는 것이 중요하다. 다시는 일어나지 못하게 하는 것이 무엇보다 중요하다. 잘 음미해야 한다.

같은 전략을 세 번 되풀이하지 말라

'산과 바다[山海]의 교차.'[46) 적과 내가 싸우는 동안 같은 동작을 수차 반복하는 것은 좋지 않다. 같은 기술을 두 번 반복하는 것은 어쩔 수 없지만 세 번 반복해서는 안 된다. 적에게 기술을 걸어 한 번에 성공하지 못하면 다시 한 번 공격해도 처음과 같지 않다. 완전히 다른 기술로 적의 의표를 찔러도 싸움이 끝나지 않으면 또 다른 기술을 걸어야 한다.

따라서 적이 산(山)이라고 생각되면 바다(海)로 걸고, 바다라고 생각되면 산, 이런 식으로 의표를 찔러나가는 것이 병법의 도

---

46) 산해의 교차-심리작전의 하나.

이다. 잘 음미해야 한다.

매너리즘을 버리고 창의적인 아이디어 개발과 시도를 말하고 있다.

상대에게 재기할 여력을 남겨주지 말라

뿌리째 뽑기.[47] 적과 싸울 때 겉으로는 무예의 기술로써 이겼다고 하더라도 상대의 마음속에 아직 투지가 남아 있고 적개심을 가지고 있는 한 속마음은 굴복하지 않은 경우가 있다. 그런 때는 이쪽에서 빨리 태세를 고쳐서 적에 대한 기력을 꺾어, 뿌리째 뽑아내듯이 하여 마음을 확인하는 것이 중요하다. 뿌리째 도려낸다는 것은 큰칼로도, 몸으로도, 마음으로도 도려내는 것이다.

적이 뿌리째 완전히 무너지면 마음을 놓을 수 있지만 그렇지 않을 때는 주의를 해야 한다. 여전히 적에게 경계심이 남아 있다면 적은 완전하게 무너지지 않은 것이다. 다수의 싸움이든 1대 1 싸움이건 뿌리째 뽑는 일을 단련해 두는 것이 중요하다.

---

47) 뿌리째 뽑기-적을 해치우는 작전의 하나.

과감하게 방침을 바꿔라

새롭게 되는 것. 적과 내가 싸울 때 뒤얽혀 결판이 나지 않을 경우, 그때까지의 작전을 버리고 모든 것을 새롭게 시작하는 마음으로 새로운 박자를 가지고 승리의 길을 찾아내야 한다. 새롭게 된다는 것은 언제든지 적과 자신이 원활하지 않은 상태라고 여겨지면 그대로 생각을 바꿔 각각 다른 전략으로 이겨야 함을 뜻한다.

많은 수의 싸움에서도 새롭게 되는 법을 터득하는 것이 중요하다. 병법의 지력을 갖추면 순식간에 할 수 있다. 잘 음미해야 한다.

상황을 크게 보라

'쥐의 머리, 소의 목'.[48] 적과 싸우는 동안에 서로 세세한 곳을 공격하다가 엉켜붙는 상황이 되었을 때, 쥐의 머리에서 소의 목으로 전환하듯 상황을 재빨리 판단해 크게 바라보고 임하는 것, 이것이 병법의 자세이다.

무사란 평소에도 쥐의 머리, 소의 목을 생각하며 마음가짐에

---

48) 쥐의 머리, 소의 목-쥐가 가진 세심함과 소가 가진 대담함을 갖추는 것. 담대심소(膽大心小)는 특히 무사의 소양에서 중요한 덕목이다.

유념해야 한다. 크고 작은 싸움에서 이 마음을 잊어서는 안 된다. 잘 음미해야 한다.

어떤 일을 추진하다가(경쟁하다가) 딜레마에 빠졌을 때 상당히 유용한 방법이다. 상황이 지지부진하고 교착상태에 빠졌을 때 그것을 피하려고만 하지 말고 그 속에 뛰어들어가 해결하는 것이다. 한 가지 것에 사로잡히지 말고 다각적으로 접근하라는 뜻이다.

적을 내 부하처럼 지배하라

"장수는 병졸을 안다."[49] 언제든 전투에 임할 때 자기가 생각하는 도에 이르면 끊임없이 이 법을 연마하여 병법의 지력을 터득한다.

적을 모두 자신의 부하라고 생각하고 자기의 뜻대로 움직일 수 있는 것으로 여겨, 적을 자유자재로 다룰 수 있게 됨을 뜻한다. 이 경지에 도달하면 나는 장수요 적은 병졸이 된다. 잘 연구해야 한다.

---

49) 장수는 병졸을 안다-병법 35개조 32조항

싸우지 않고 이기는 것도 좋다

"칼자루를 놓는다".[50] 이것은 여러 가지 뜻을 가지고 있다. 칼을 들지 않고 이기는 것, 또는 큰칼을 가지고도 이기지 못하는 것. 명심해서 잘 단련해야 한다.

바위 같은 마음을 가져라

바위 같은 몸.[51] 병법의 도를 터득함으로써 바위처럼 단단하고 우람해져서 그 어떤 타격에도 흔들림 없는 경지에 이르게 됨을 말한다. 구전(口傳)하겠다.

지금까지 쓴 것은 니텐이치류(二天一流)의 검술을 행할 때 끊임없이 생각난 것들을 기록한 것이다. 이제 처음 그 이치를 서술하는 것이므로 앞뒤 맥락이 어지럽고 자세하게 표현하지 못하였다. 그러나 이 도를 배우려는 사람에게는 마음의 길잡이가 될 것이다.

---

50) 칼자루를 놓는다-칼을 버리는 게 아니라, 칼에 얽매여 있는 마음을 놓는 것.
51) 어느날 미쓰히사(光尙)가 무사시에게 "바위같은 마음이란 어떤 것인가"하고 물었다. 무사시는 "저의 제자 데라오 구마쓰케를 불러주십시오"하고 말했다. 이윽고 데라오가 불려나와 절했다. 무사시가 곁에서 말했다. "뜻하시는 바가 있어 지금 너에게 할복하라는 분부가 계셨다. 그리 알라." 데라오는 조용히 할복 채비를 하는데 그 태연자약함이 평소와 다름없었다. 이에 무사시는 "바로 이것이 '바위 같은 마음'입니다"라고 말했다.

내가 젊어서부터 병법의 도에 마음을 두고 검술 하나만을 단련하여 몸에 익히고 여러 가지 소양을 쌓으며 다른 유파를 접해 보았는데, 혹은 말로만 떠들고 혹은 손놀림에만 능해 사람들에게 그럴듯하게 보여도, 하나도 진정한 도에는 이르지 못하였다. 물론 그들도 나름대로는 몸을 단련하고 마음을 단련했겠지만, 이러한 화려한 검술은 병법의 도(道)에 오히려 병폐가 된다.

검술의 진정한 도는 적과 싸워 이기는 것이요, 이것을 빼면 아무것도 있을 수 없다.

나의 병법의 지력(智力)을 터득하여 그것을 거듭 실천해 나가면 승리를 거둘 수 있음은 의심할 여지가 없다.

쇼호(正保) 2년(1645) 5월 12일
신멘 무사시(新免武藏)가 데라오 마고죠(寺尾孫丞)에게

제 4 장

바람(風)의 장

형식에 매이지 말라
바람(風)의 장[52]

검법에 있어서 다른 유파의 도(道)를 아는 것이 중요하다고 여겨, 다른 유파의 여러 가지 일들을 적어 '바람'의 장이라 칭하여 기록한다. 다른 유파의 도를 알지 못하면 니텐이치류의 도를 확실히 알지 못한다.

다른 유파의 병법을 살펴보면 큰 검을 사용하여 강하게만 보이는 기술을 자랑한다. 혹은 소도라 하여 짧은 칼을 주무기로

---

52) 이 장은 다른 유파를 비판함으로써 니텐이치류(二天一流)의 정신을 보다 명확하게 하고 있다. 모든 것은 실질(實質)이 가장 중요하며, 그것을 등한시한 것은 허식에 불과하다고 말하고 있다.

사용하기도 한다. 혹은 검을 쓰는 데 있어서 기교를 많이 쓰고 칼을 겨누는 방법에 겉[表]이니 속[奧]이니 하며 유파를 세우는 자도 있다. 이것들은 모두 진실한 도가 아니라는 것을 '바람'의 장에서 분명히 기록하여 선악과 시비를 가릴 것이다.

니텐이치류의 도(道)는 특별하다. 다른 유파들은 예(藝)에 치중하여 그것을 생계의 수단으로 삼으며, 색을 칠하고 꽃을 피우듯 화려하게 장식하여 상품화하고 있다. 그것은 진정한 검법과는 거리가 멀다.

또 세상의 다른 병법을 보면 검술 하나만으로 좁게 한정지어 큰칼을 휘두르는 연습을 쌓고 몸을 단련하고 기교를 능숙하게 부림으로써 이길 수 있다고 여기고 있다. 그러나 이는 절대로 검법의 도에 맞지 않는다.

다른 유파의 결점을 일일이 이 글에 서술해 놓으니, 잘 연구하여 니토이치류(二刀一流)의 이치를 터득해야 할 것이다.

칼의 길이에 연연하지 말라

다른 유파에서는 큰칼을 즐겨 사용하는 경향이 있다. 니토이치류의 병법에서는 이것을 약자의 검법이라고 보고 있다. 그 까닭은 어떠한 경우에도 적을 이겨야 한다는 도리에 이르지 못하고, 칼의 길이에만 의존하여 적이 멀리 있을 때 쳐서 이기고자 하므로 긴칼을 선호하게 된다.

세상에서는 이것을 "한 치만 길어도 그만큼 유리하다"고 말하고 있으나 이는 검법을 모르는 자의 이야기이다. 그러므로 병법의 도(道)를 알지 못하고 칼 길이에 의지해 멀리서 이기려고 하는 것은 마음이 나약한 탓이며, 약자의 병법이라 할 수 있다.

만약 적과 가까이 얽히게 되었을 때는 긴칼을 자유롭게 휘두를 수 없어 오히려 긴칼이 짐이 되며 와키자시(허리에 차는 짧은 칼)를 쓰는 사람에게 지게 된다.

긴칼을 좋아하는 자에게도 다 이유가 있겠지만 그것은 억지에 불과하다. 세상의 진정한 이치로써 볼 때 도리에 맞지 않는다. 그 말대로라면 긴칼을 쓰지 않고 짧은칼을 쓴다면 반드시 패배해야 한다는 것 아닌가.

또 장소에 따라 상하좌우가 좁고 막힌 경우, 혹은 짧은칼밖에 쓸 수 없는 경우에도 긴칼을 선호하는 것은 검법에 대한 정리가 안 되어 있기 때문이다. 사람에 따라서는 힘이 약하고 긴칼을 쓰기에 부적합하여 소도를 써야 하는 사람도 있다.

예부터 "대(大)는 소(小)를 겸한다"라고 하였는데, 내가 무조건 긴칼을 싫어하는 것은 아니다. 단지 긴칼에만 집착하는 마음을 버려야 한다는 것이다.

전투에서 볼 때 긴칼은 많은 병력에 해당하며, 짧은칼은 소수의 병력을 뜻한다. 소수로써 많은 인원과 싸우는 것이 불가능할까. 오히려 소수의 병력으로 많은 인원과 싸워 이긴 예는 많이 있다.

니텐이치류에 있어서 이러한 잘못된 편견을 버려야 할 것이다. 잘 음미해야 한다.

강한 칼이란 무의미하다

무릇 큰칼에 강한 것, 약한 것이 있을 수 없다. 세게 마음먹고 휘두르는 칼은 거칠고 난폭한 칼잡이로 만든다. 난폭한 검법으로는 이길 수 없다. 또 큰칼의 힘만 믿고 사람을 벨 때 무리하게 힘을 줘서 벤다면 오히려 벨 수 없는 법이다. 베는 연습을 할 때도 강하게 베는 것은 좋지 않다.

누구나 적과 싸울 때 이놈은 약하게 베어주자, 이놈은 강하게 베어주자 구별해서 생각하는 사람은 아무도 없을 터이다. 단지 사람을 베야겠다고 생각할 뿐이지, 강하다고도 약하다고도 생각지 않는 것이다. 적을 죽이겠다고 생각할 뿐이다.

만약 오로지 '강하게'라는 생각만으로 치면 지나치게 긴장하여 몸의 힘이 무너지고 나쁜 결과를 초래한다. 상대의 큰칼을 세게 치면 자기의 칼도 충격을 받는 것이다. 그러므로 '가장 강한 칼'이라는 것은 아무 의미가 없다.

전투에서도 마찬가지다. 이쪽에서 강한 군대를 가지고 강하게 이기려고 하면, 적도 강한 군대로써 강하게 대처할 것이다. 그것은 양쪽 다 마찬가지이다.

모든 일에 있어서 이기려고 한다면 진정한 도(道)가 없이는 불가능한 것이다.

조금도 무리하는 일 없이 병법의 지혜로써 어떻게든 이기는 일에 중점을 두는 것이 니텐이치류의 정신이다. 잘 연구해야 한다.

요령보다 정석대로 밀고 나가라

짧은칼로써만 승리한다고 생각하는 것은 진정한 도가 아니다. 예부터 큰칼(太刀, 다치)과 칼(刀, 가타나)[53]이라고 하여 칼의 길이로 구분하고 있다. 일반적으로 힘이 센 자는 큰칼을 가볍게 휘두를 수 있기 때문에, 창(槍)이나 장검도 그 점을 활용하여 사용하는 바, 일부러 짧은칼만 선호할 필요는 없다.

짧은칼을 즐겨 쓰는 이유는, 상대가 휘두르는 큰칼의 틈을 노려 덤비고자 하는 것이니, 일부러 짧은칼만 선호하는 편협한 생각은 옳지 않다.

---

53) 큰칼과 짧은칼-일반적으로 큰칼은 3척(90.9센티미터) 이상, 일반 칼은 2척(60.6센티미터)에서 3척까지, 짧은칼은 1척8촌(54.3센티미터) 이내이다.

또한 적의 틈만 노리게 되면 후수(後手)가 되어 적과 뒤엉키는 상황이 되므로 바람직하지 못하다. 만약 짧은칼로 적진에 뛰어드는 경우, 많은 적을 상대로 할 때는 도움이 되지 않는다. 짧은 칼에만 익숙한 자는 많은 수의 적을 공격하려고 자유롭게 칼을 휘두르고자 해도 항상 수세에 몰려 적과 엉키게 된다. 이것은 진정한 도가 아니다. 자기 몸은 강하고 바르게 지키면서 상대를 추격하여 당황하게 만들어 확실한 승리를 얻는 것이 진정한 도이다.

전투에서도 마찬가지 이치이다. 이왕이면 많은 병력으로 적을 불시에 공격하여 단숨에 무너뜨리는 것이 병법의 진수이다.

사람들은 일반적으로 병법을 익힐 때 평소부터 맞받기, 엇갈리기, 빠져나가기, 뚫고 나가기 등의 잔재주만 배운다. 그러면 선수를 뺏기고 후수(後手)가 되어 상대에게 휘둘리기 십상이다. 병법의 도(道)란 곧고 바른 것이다. 바른 도리로써 상대를 몰아붙여서 이기는 것이 중요하다. 잘 음미해야 한다.

바른 마음이 가장 강한 무기이다

다른 유파에서 큰칼의 사용법을 여러 가지 사람들에게 가르치는데, 이는 도를 상품화하는 것이며, 큰칼의 사용법을 자랑하여 초심자에게 감탄을 받기 위함일 것이다. 이것은 병법에서 가장 배척해야 할 생각이다.

왜냐하면, 사람을 베는 데 있어서 그 방법이 여러 가지가 있다고 생각하는 것은 잘못이기 때문이다. 사람을 베는 일이란 검법을 터득한 자건 모르는 자건, 여자건 어린아이건 다를 바 없다. 다르다면 찌르거나 옆으로 후려치는 것 외에는 없다. 어떻든 적을 베는 것을 검법의 길이라고 한다면, 그 방법이 많을 까닭이 없는 것이다.

그러나 장소나 사정에 따라 위나 옆이 막힌 곳에서는 큰칼을 사용하게 어렵기 때문에, 큰칼을 쓰기 쉽도록 잡는 요령을 5방(方)이라 하여 다섯 가지 방법을 사용하기는 한다. 그 밖에 손목을 비틀어서 칼을 잡든가, 몸을 비틀어 날려 상대를 베는 것은 진정한 도가 아니다. 사람을 벨 때 비틀어서도 안 되며 꺾어서도 안 되며 뛰어서도 안 된다. 이것은 전혀 도움이 되지 않는다.

니텐이치류의 병법에서는 나의 몸과 마음을 바르게 하고, 적으로 하여금 마음이 비틀어지거나 흔들려서 평정을 잃게 한 후 승리하는 것이 중요하다. 잘 새겨야 한다.

편법과 요령에만 치우쳐 기본적인 정석에 어긋나는 것을 경계하라고 강조하고 있다.

폼 잡다가 일을 그르친다

다른 유파에서는 칼을 드는 자세를 가장 중요시하는 것 같은데, 이는 잘못된 일이다. 도대체 칼 쥐는 자세가 있다고 하면 그것은 적이 없을 때밖에 없다. 왜냐하면 병법의 도에서는 "옛부터의 내려오는 예는 이렇다"든가 "지금은 이렇다" 해서 싸움의 법칙을 만드는 것은 있을 수 없기 때문이다. 상대로 하여금 불리하도록 유도해나가는 것이 승부의 길이다. '자세'란 칼을 드는 자세가 아닌, 모든 것에 있어서 흔들림이 없는 확고한 태세를 갖추는 마음이다.

성(城)을 쌓는다든가, 진(陣)을 치는 것도 남이 공격해와도 강하게 버티며 움직이지 않는 상태를 일컫는 말이다. 싸움의 승부에 있어서는 무엇이든 선수를 친다는 생각을 가져야 한다. 병법에서 '자세'란 적이 선수 치기를 기다려 공격 당하는 것을 기다리는 마음과 같다. 이와 같은 차이를 잘 연구해보라.

싸움의 승부에 있어서 적의 자세를 동요시키고 적이 예상 못한 방법으로 의표를 찌르거나, 혹은 적을 혼동시키거나 화나게 하거나 위협해서 적이 무너지는 박자를 파악해 승리를 거두는 것이다. 그렇게 때문에 '자세'라는 것은 후수(後手)의 방법에 지나지 않는다. 그러므로 니텐이치류의 도에서 "자세가 있으되 자세가 없다"고 한다.

많은 수의 싸움에서도 적 병력의 많고 적음을 파악하고, 전장의 상태를 알며, 내 쪽 병력 수를 감안하여 전략을 세워 공격하는 것이 전투에서 아주 중요하다.

적에게 선수를 빼앗겼을 때보다 이쪽에서 먼저 선수를 치면 곱절은 유리해진다.

태세를 완벽히 하고 적의 칼을 잘 막으려고 벼르고 있어도 수동적인 입장이기 때문에, 창과 긴칼로 울타리를 치고 있는 것이나 다름없다. 반대로 이쪽에서 적을 공격할 때는 울타리의 말뚝조차도 창이나 장검 대신 구실을 할 것이다. 잘 음미해야 할 것이다.

단순히 보지 말고 꿰뚫어보라

다른 유파에서는 적의 칼을 눈여겨 본다든가, 혹은 손놀림을 주시하는 경우도 있다. 또는 얼굴, 발등을 관심갖고 주시하기도 한다. 이처럼 특정한 곳에 관심을 두어 주시하다 보면 그것에 마음이 현혹되어 병법에 방해가 된다.

이를테면 공을 차는 사람은 공을 주시하지 않아도 갖가지 공묘기를 부릴 수 있다. 무엇이든 익숙해지면 그 자체를 보지 않아도 되는 것이다.

또한 곡예를 하는 자들도 그 길에 익숙해지면 문짝을 코에

세우기도 하고, 여러 개의 칼을 다루는 기교를 부릴 수 있다. 이 또한 일일이 눈으로 보고 하는 것이 아니고, 부단히 습득하여 저절로 몸에 익힌 것이다.

병법의 도에 있어서도 적과의 싸움에 익숙해지면, 사람의 마음의 강함과 약함을 알게 되고, 도를 터득하게 되면 큰칼의 거리, 속도까지 볼 수 있게 된다. 병법에서 '주시'라는 것은 상대의 심리 상태를 읽어내기 위한 것이다.

집단간의 전투에서도 적의 힘만을 주시해야 한다. 관(觀)·견(見) 두 가지 보는 방법에 있어서도, 관은 사물의 본질을 꿰뚫는 데에 중점을 둔다. 적의 심리를 간파하고 전장의 상황을 판단해, 어느 쪽이 이로운가 그때그때 적과 아군의 힘의 강약까지도 파악함으로써 확고한 승리를 거둘 수가 있는 것이다.

집단간 전투에서나, 1대 1 대결에서나 작은 것에 얽매여서는 안 된다. 앞에서 말한 것처럼 사소한 것에 신경을 쓰다가 큰 국면을 못 보면 갈팡질팡하여 확고한 승리를 잃게 되는 것이다. 이 이치를 잘 음미하여 단련해야 한다.

우리는 대개 어떤 일을 대할 때 본질적인 것을 간파하여 처리해야 할 때가 종종 있다. 그 이외의 것들을 가지고 씨름해 보았댔자, 일은 전혀 진척이 없다는 것을 경험을 통해 알고 있다.

박자를 놓치지 말라

다른 유파에서는 발을 딛는 자세에도 뜬 발, 뛰는 발, 뛰어올랐다가 내딛는 발, 짓밟는 발, 까치발 등 갖가지 빠른 자세의 발이 있다. 이것 모두 나의 니텐이치류 병법에서 보면 불충분하다고 여겨진다.

뜬 발이 왜 좋지 않은가? 그 이유는 싸움에 들어가서는 반드시 허둥대기 십상이기 때문에 확실히 밟는 것이 좋다.

또 뛰는 발을 꺼리는 것은, 뛰어오를 때 멈춘 상태가 되고, 뛰어오르고 난 다음 동작이 부자유스러워지기 때문이다. 싸움에서 그렇게 몇 번이고 뛸 필요가 없기 때문에 뛰는 발은 좋지 않다.

또한 내딛는 발은 그 자리에 고정되어 선수를 빼앗기게 되므로 아주 좋지 않다. 짓밟는 발은 대기하는 발로서는 특히 좋지 않다. 그 외에 까치발 등 여러 가지 빠른 발 자세가 있다. 그러나 늪, 개천, 혹은 강, 돌밭, 좁은 길에서 적과 대적하게 되면 장소에 따라 뛰어오르거나 빠르게 발을 쓰는 자세를 취할 수 없다.

나의 병법에 있어서는 전투라 할지라도 발놀림이 평소와 변함이 없다. 적의 박자에 맞춰 서두를 때, 조용하거나 몸의 상태에 맞춰 부족하지도 않고 넘치지도 않게 발 동작을 잘 조절하는 것이 중요하다.

많은 수의 싸움에서 발의 움직임은 중요하다. 그 이유는 적의 마음을 모르고 함부로 급하게 공격하면 박자를 놓쳐 승리하기 어렵기 때문이다. 또한 발동작이 느리면 적이 허둥대며 흩어지는 틈을 치지 못하니 승리의 기회를 놓쳐 빨리 결판을 내지 못한다. 적이 당황하며 허물어지는 순간을 포착해 적에게 조금이라도 여유를 주지 말고 몰아붙여 이기는 것이 중요하다. 잘 단련해야 한다.

노련한 사람은 여유있어 보인다

병법에 있어서 빠름을 중시하는 것은 진정한 도가 아니다. 모든 것에 박자가 맞지 않을 때 빠르다 느리다 말하는 것이다. 그 도에 통달해지면 자연스럽게 보인다.

이를테면 '날아가는 발[飛足]'이라 하여 40~50리를 가는 자도 있다. 그렇다고 아침부터 밤까지 빨리 달리는 것은 아니다. 반면 미숙한 자는 하루종일 달리는 것처럼 보이지만 성과는 별로 오르지 않는 것이다.

가무에 있어서 능숙하게 부르는 창(唱)에 맞춰 서툰 자가 춤을 추면 춤사위가 처지고 마음만 급해진다. 오이마츠(老松, 옛노래인 노(能)의 일종)는 조용한 가락이나, 서툰 자가 북을 치면 가락조차 따르지 못하고 마음만 허둥대게 된다. 다카사고(高砂, 옛

노래인 노(能)의 일종)는 빠른 박자이지만 빠르게만 연주하면 좋지 않다. 빨리 달리면 넘어지듯이, 박자도 맞지 않으면 밖으로 퉁겨져 나온다. 그렇다고 느린 것도 좋지 않다.

능숙한 자가 하는 일은 여유있어 보여도 처짐이 없다. 무슨 일이든 숙련된 사람이 하는 일은 서두르게 보이지 않는 법이다. 이러한 예로써 도의 이치를 이해할 수 있을 것이다.

병법의 도에 있어서 서두른다는 것은 좋지 않다. 장소에 따라서 늪이나 개천 등에서는 몸도 발도 빨리 움직일 수 없다. 더욱이 큰칼로 빨리 벤다는 것은 불가능하다. 빨리 벤다고 해도 부채나 단검 같지 않으며, 가까이 있는 적을 벨 수도 없는 것이다. 이를 잘 분별해야 한다.

집단 간의 싸움에서도 빠르거나 서두르는 것은 좋지 않다. 적의 베갯머리를 누르는 기분으로 나가도 조금도 늦지 않은 법이다. 또한 상대가 무턱대고 서두르고 있을 때는 이쪽은 조용히 하고, 끌려 다니지 않도록 하는 마음가짐이 중요하다. 이것을 연구하고 단련해야 한다.

형식보다 실질을 중요시하라

병법에 있어서 속[奧]도 없고, 겉[表]도 없다. 검법에 있어서 무술의 비결이다, 기초다 하고 떠들지만 막상 적과 싸울 때 겉으로 싸웠다, 속으로 베었다 말할 수는 없다.

　나의 병법을 가르칠 때는 처음으로 배우는 사람에게는 그 사람이 익히기 쉬운 기량부터 가르치고, 빨리 이해할 수 있는 이치부터 익히게 하며, 이해하기 어려운 도리는 그 사람의 이해력의 진척을 보아 차차 깊은 도리를 가르치는 것이다. 그러나 대개는 적과 대적할 때에 체험한 바를 통해 이해시킨다. 그렇기 때문에 속이다, 겉이다 할 수 없다.

　예를 들어 산 속 깊이 들어가고자 더욱 깊이 깊이 안으로 가다보면 다시 입구로 되돌아나오는 경우가 있다. 이처럼 어떤 도(道)이든 간에 비결이 필요한 경우와 초보적인 기량이 필요한 경우가 있으므로 그때그때 형편에 따라야 한다.

　병법의 도(道)에 있어서 무엇을 공개하고 무엇은 비전(秘傳)이다, 하는 것이 가능하겠는가. 따라서 나의 병법을 전함에 있어서 서약이나 규칙 따위는 쓰고 싶지 않다. 이 도를 배우는 사람의 지력을 판단하고 병법의 진수를 가르쳐 세상의 다른 유파의 좋지 못한 영향을 제거하고, 자연히 무사도(武士道)의 진리를 깨닫고 동요함이 없는 정신을 지니게 하는 것이 나의 병법의 가르침이다. 잘 단련해야 한다.

　이상과 같이 다른 유파의 병법을 9가지 조항으로 나누어 '바람'의 장에 기록하였다. 유파들의 하나하나를 입문(入門)부터 비결까지 속속들이 적어야겠지만 일부러 어떤 유파의 무슨 일이라고 이름까지는 표현하지 않았다.

그 까닭은 각 유파들의 도에 대해 사람에 따라 견해가 다를 수 있으며, 같은 유파 속에서도 사람에 따라 견해 차가 있기 때문에 어떤 유파의 어떤 칼 솜씨라고 적지 않았다.

그래서 다른 유파에 대해 대략 9가지 경향으로 나누어 보았다. 그것을 세상의 도리, 인간의 바른 도리로 바라보았을 때, 긴 칼에 치중하거나 짧은칼을 선호하고, 칼을 씀에 있어서 강약에 사로잡혀, 때로는 개요를 내세우고 때로는 자질구레한 것을 내세우는 등 모두 편협된 행동인 것을 어느 유파를 지적하지 않아도 알 수 있을 것이다.

니텐이치류에 있어서는 숙달이고 초보이고가 없다. 큰칼의 안과 밖이 없고, 정해진 검법 자세도 없다. 오로지 바른 정신으로써 병법의 참뜻을 몸에 익히는 것이다. 이것이 병법에서 가장 중요하다.

쇼호(正保) 2년(1645) 5월 12일
신멘 무사시(新免武藏)가 데라오 마고죠(寺尾孫丞)에게

제 5 장

비어 있음(空)의 장

승부를 초월한 마음을 가져라
비어 있음(空)의 장[54]

니토이치류(二刀一流)의 병법의 길을 '공'의 장에 기록한다.
'공'이란 아무 것도 없다는 것, 인간으로서 알 수 없는 경지를 뜻
한다. 사물의 이치를 깨달았을 때 비로소 이치가 없는 바를 깨
닫는다. 이 아무 것도 없는 것이 '공(空)'이다.

세상의 비속한 생각으로는 사물의 도리를 알지 못하는 무지

---

54) 니텐이치류의 궁극적인 '만리일공'(万理一空)의 이치를 서술하고 있다. 투철한 합리
주의와 실리를 추구하여 급기야 도달한 공(空)의 경지, 떠돌던 구름이 개인 곳만이
참된 허공이라 할 것이다. 이 말 속에는 승부를 초월한 승부의 심오한 구석을 들여
다볼 수 있다.

함을 '공'이라 보는데, 이것은 진정한 '공'이 아니며 모두 어리석은 마음이다.

병법의 도에 있어서도 무사로서 무사 본연의 자세를 지니지 못한 자가 여러 가지로 미혹되어 그것을 극복하지 못한 때를 '공'이라고 말하고 있으나, 이것은 진정한 '공'이 아니다.

무사는 병법의 길을 확실히 깨닫고 여러가지 무예를 잘 익혀서, 무사로서의 길을 충실히 하며 마음의 동요 없이 때때로 수양을 쌓아, 마음과 정신을 닦고, 관(觀, 통찰력)과 견(見, 주의력) 두 눈을 길러, 조금도 뿌옇지 않고, 흔들리는 구름이 개이는 것, 이것이 진정한 '공'이라는 것을 알아야 한다.

진정한 도(道)를 깨닫지 못할 때는 불도(佛道)이건 세상의 도리이건 자신만의 생각으로 판단하고 좋은 일이라고 해석한다.

그러나 마음의 바른 도를 가지고 세상의 요소 요소를 바라보면, 몸과 마음이 편협하고 그 눈이 왜곡되어 진정한 도리에서 벗어나고 있는 경우를 종종 볼 수 있다.

이 도리를 잘 분별하여 바른 정신 상태로 진실된 마음가짐을 근본으로 하며, 병법의 도리를 널리 알려서, 올바르고 정당하게 큰 일을 판단할 수 있도록 한다. '공'이 도리요, 도리가 '공'이라 여겨야 할 것이다.

'공'에는 선(善)만이 있을 뿐, 악(惡)은 없다. 병법의 지혜, 병법의 도리, 병법의 정신, 이 모든 것을 갖춤으로써 비로소 일체의 잡념에서 벗어난 공(空)의 참된 경지에 도달할 수가 있는 것이다.

쇼호(正保) 2년(1645) 5월 12일
신멘 무사시(新免武藏)가 데라오 마고죠(寺尾孫丞)에게

병법 35개조

【병법 35개조】[55]

병법 니토이치류(二刀一流)를 수년 동안 단련하여 이제 비로소 필지에 기록한다. 앞뒤로 부족한 점이 많으나 평소 익혀온 병법에서 검법의 진수를 대략 글로써 나타내고자 한다.

(1) 이 병법을 니토이치류(二刀一流)라 칭한다

이 도(道)는 2도(二刀)라 하여 큰칼을 두 자루 쥐게 되며, 왼손으로만 찌르는 것이 아니다. 큰칼을 한 손으로만 쥐지 않는다. 한 손으로 쥐는 것은 적진에 달려들 때, 말 위에 탈 때, 늪, 좁은 길, 돌밭, 사람이 붐비는 곳에서 유리하다. 양쪽에 무기를 취하고 한 손으로도 잘 다룰 줄 알아야 한다.

큰칼을 다룰 때 처음에는 어렵게 여겨지지만 나중에는 자유자재로 다룰 수 있게 된다. 이를테면 활시위를 당길 때도 익숙해지면 힘이 생기고 말을 탈 때도 마찬가지이다. 일반 사람을 보면 뱃사공은 노를 젓는 힘이 강해지고 농민은 괭이 다루는 힘이 생기는 것이다. 큰칼도 익숙해지면 힘이 강해진다. 단지 그 강약에 있어 사람의 몸에 맞는 큰칼을 지녀야 한다.

---

55) 강에이 18년(1641년) 58세를 맞이한 무사시가 호소카와 다다토시(細川忠利)에게 바친 것이라고 전해진다. 〈오륜서〉를 집필하기 2년 전에 씌어진 것으로서, 말하자면 '병법 35개조'는 〈오륜서〉의 골자라고 할 수 있다.

(2) 병법의 도란 무엇인가

병법에는 많은 수의 싸움에서나 1대 1의 싸움에서나 그 도리는 마찬가지이다. 지금 서술하는 1대 1의 병법은, 마음을 대장으로 하고 손과 발을 부하라고 생각하며, 몸체를 병졸이라고 여기는데, 이는 나라를 다스리는 일에 있어서도 크든 작든 간에 병법의 도와 같은 이치이다.

병법을 터득하는 데 있어서 넘치지도 모자라지도 않고, 강하지도 않고 약하지도 않으며, 머리에서 발끝까지 마음가짐을 바르게 하여 한쪽으로 치우침이 없어야 한다.

(3) 큰칼(太刀, 다치)을 잡는 법

큰칼을 잡을 때는 엄지와 집게손가락을 띄우는 듯이 잡고, 가운뎃손가락은 조이지도 풀지도 말며, 약지·새끼손가락은 조이듯이 잡는다. 큰칼에도 손에도 생사가 달려 있다. 큰칼을 쥐거나 맞받거나 누를 때에도 적을 베려는 마음을 잊으면 곧 죽음이다. 살기 위해서는 큰칼과 손이 일체가 되어 치고 들어가 베는 자세가 되어야 한다.

손바닥이 딱 붙거나 느슨해지거나 위축되어서는 안 되며, 팔뚝의 윗부분은 약하게, 손목 부분은 강하게 쥔다. 잘 새겨야 할 것이다.

(4) 몸의 자세

몸의 자세는 머리를 숙이지도 말고 너무 쳐들지도 말며, 어깨는 내리고 등줄기를 바로 세워 가슴을 내밀지 말고 배에 힘을 주어 허리가 구부러지지 않게 하며, 무릎에 너무 힘을 주지 말고 몸을 정면을 바라보게 하여 시야를 넓게 보도록 한다. 평소 병법의 자세에 맞게 하고, 병법을 평소의 자세에 맞추는 것이 중요하다. 잘 새겨야 할 것이다.

(5) 발의 자세

발 사용법은 때에 따라 강하고 약하게, 느리고 빠름이 있으며 늘 평소때 걷는 것처럼 한다. 발의 자세로 좋지 않은 것은 뛰는 발, 뜬 발, 허둥거리는 발, 빼는 발, 까치발이 있는데 이것은 피해야 할 발의 자세이다. 발판이 아무리 형편없어도 차분하고 확실하게 내딛어야 한다. 이 글에 기록하였으니 잘 익혀야 한다.

(6) '주시(注視)'한다는 것

'주시한다'는 것은 옛날에는 여러 가지가 있었지만 지금은 대개 상대방의 얼굴을 주시해야 한다. 눈은 평소보다 조금 가늘게 뜨고 부드럽게 바라본다. 눈동자를 움직이지 말고 적이 가까이 있어도 먼 곳을 응시하는 것처럼 하라. 이렇게 하면 적의 상태뿐 아니라 좌우 양옆까지 파악할 수 있다.

관(觀)과 견(見) 두 가지에서, 관은 눈을 강하게 하고, 견은 눈을 약하게 해야 한다. 견은 적의 표면적인 움직임을 보고, 관은 적의 의중을 꿰뚫어보는 것이다. 잘 새겨야 한다.

(7) 간(間)을 쌓는다

병법에 뜻을 둔 자는 눈에 보이지 않는 것도 볼 수 있어야 하고, 그래서 어떤 일이든 미리 대처하지 않으면 안 된다. 대략적으로 말해, 나의 다치(큰칼)가 상대에게 닿을 때에는 상대의 다치 또한 나에게 닿는 것이다. 상대를 치려고 하면 내 몸을 아끼지 말아야 한다. 잘 연구해야 한다.

(8) 마음가짐

마음가짐에는 여러 가지가 있으나, 당황하지 말고 집착하지 말고 두려워하지 말고 마음을 바르고 넓게 가지며 평상심을 잃지 말아야 한다. 평소때나 진검승부(眞劍勝負)할 때도 마음의 동요가 있어서는 안 되고, 마음을 물과 같이 하여 흐름에 순응하도록 한다. 물에도 색이 있다. 한 방울의 물에도 있고 넓은 바다에도 있다. 잘 음미해야 한다.

(9) 상단·중단·하단의 위치를 아는 것

병법에 있어서 적을 겨누는 자세에는 여러 가지가 있다. 여유를 보이면서 빠르게 움직이는 자세를 하단(下段)이라 한다. 또 검법을 완전히 터득하고 있으면 박자가 잘 맞아 보이고 절도가 있어 보이는데 이것을 중단(中段)이라 한다. 상단(上段)은 강하지도 않고 약하지도 않으며 느리지도 않고 빠르지도 않다. 또한 보기 좋지도, 나쁘지도 않다. 크고 곧으며 조용하게 보이는 병법, 이것이 상단이다. 잘 음미해야 한다.

(10) 마음속에 물레를 지닌다

항상 물레를 마음속에 지니고 있어야 한다. 상대를 실이라 생각하면 강한 곳, 약한 곳, 곧은 곳, 비뚤어진 곳, 팽팽한 곳, 느슨한 곳이 있다. 나의 마음을 물레라 생각하고 실(상대)을 감아 보면 상대의 마음을 알 수 있다. 그 타래를 통해 동그란지 긴지 짧은지 비뚤어져 있는지 곧은지 잘 간파해야 한다.

(11) 큰칼의 도(道)란

큰칼의 도를 알지 못하면 큰칼을 마음대로 휘두를 수 없다. 또한 더 이상 강해질 수도 없다. 큰칼의 요령만 터득하고 있으면 자유자재로 다룰 수 있다. 큰칼을 작은칼처럼 다루어서도 안 되며, 가볍게 놀려서도 안 된다. 진심으로 적을 벨 때의 마음을 가져야 한다. 항상 큰칼의 도리를 이해하여 무거운 검과 같이 조용히 다루어 적을 대해야 한다. 잘 단련해야 할 것이다.

(12) 치는 것과 부딪친다는 것

친다는 것은, 큰칼을 쓸 때는 칠 곳을 확실히 알고 연습 때처럼 치는 것이다. 또 부딪친다는 것은 어디를 공격해야 할지 파악할 수 없을 때 어디든지 부딪쳐보는 것이다. 부딪치는 것도 강하기는 하지만 치는 것만큼은 아니다. 적의 몸에 부딪치건 큰칼에 부딪치건 당황하지 말아야 한다. 진심으로 치고자 할 때는 손발을 늘어뜨리듯이 해서 적이 긴장이 풀렸을 때 재빠르게 친다. 잘 연구해야 한다.

(13) 세 가지 선수(先手)

세 가지 선수란 첫째 내가 적에게 공격해 들어가는 선수, 둘째 적이 나에게 공격해 오는 선수, 셋째 나도 공격하고 적도 공격하는 선수 이 세 가지이다.

첫 번째, 내가 공격하는 선수는, 몸은 빨리 쳐들어가면서도 마음은 여유를 가지고 쳐들어가 적을 쓰러뜨리는 것이다.

두 번째, 적이 공격하는 선수는, 적이 공격해 강하게 맞받아쳐서 상대의 박자가 맞지 않아 허둥댈 때 쳐서 이기는 것이 있다. 또 적이 공격해올 때 피하듯이 하다가 적이 주춤했을 때 공격해 이기는 방법이 있다.

세 번째, 서로 공격하는 선수(先手). 적이 빠르게 공격해오면 이쪽은 기다리는 것처럼 보이다가 적의 허점을 포착해 공격하는 방법과, 적이 조용히 공격해올 때는 몸을 날리듯이 하여 빠르게 쳐들어가 승리하는 것이다. 모든 면에 있어서 선수를 치는 것이 중요하다.

(14) 건너기(渡)

물을 건넌다는 것. 적과 내가 서로 대적할 때 내가 큰칼을 쳐서 한발 앞서 건넌다고 생각하면 나 자신과 발이 서로 이어져 물을 건널 수 있는 것이다. 건너기만 하면 어려움은 없다. 이것을 앞에 기록하니 잘 분별해야 한다.

(15) 큰칼에 대신하는 몸

큰칼에 대신하는 몸이란, 큰칼을 칠 때는 몸에 상관하지 않는 것이다. 또 몸을 움직여 칠 때는 큰칼은 나중에 치는 것이다. 이 것이 공(空)의 마음이다. 큰칼과 몸과 마음이 한꺼번에 움직여 칠 수는 없다. 중심을 지키는 마음, 중심을 지키는 몸, 이를 잘 음미해야 한다.

(16) 두 개의 발

두 개의 발이란 큰칼을 한 번 치는 동안에 발은 두 번 움직이는 것이다. 큰칼에 의지해 전진하거나 후진할 때 발은 두 번 움직인다. 발을 이어간다는 마음이다. 큰칼 한 번에 발 한 번 움직이면 이기기 어렵다. 두 번이라 함은 평상시와 같은 걸음이다. 잘 연구해야 한다.

(17) 검 밟기

큰칼의 끝을 발로 밟는다는 자세이다. 공격해 오는 적의 큰칼이 멈춘 곳을 왼발로 밟는다는 요령이다. 큰칼로나 몸으로나 마음으로나 적을 밟으려는 생각을 가지면 이길 수 있다. 이런 자세가 없으면 터덕터덕대며 승부가 나지 않는다. 발은 편히 쉬기도 하는데 검을 밟을 때는 그렇지 않다. 잘 음미해야 한다.

(18) 그늘 누르기

그늘을 누른다는 것은, 적의 상태를 볼 때 마음이 여유로운 곳도 있고 부족한 구석도 있다. 나의 큰칼로써 마음이 여유로운 곳을 칠 듯이 보였다가 부족한 곳을 그림자처럼 치면 상대는 박

자를 잃고 허둥대고 그때 쳐서 승리하게 된다. 그러나 마음을
놓지 말고 다시 칠 곳을 잊지 말고 봐두는 것이 중요하다. 잘 연
구해야 한다.

(19) 그림자 움직이기

그림자는 태양의 그늘이다. 상대의 의도를 알 길이 없을 때 이
쪽에서 강하게 공격하듯이 보여 적의 의도를 파악한다. 그런 후
대응책을 세워 승리를 거둬라. 적의 그늘(의도)이 나타나도 이쪽
에서 대응하지 않으면 모처럼의 기회를 놓쳐버리니 잘 연구해야
한다.

(20) 활시위를 벗기는 것

적과 나의 마음이 팽팽한 긴장 상태일 때, 몸과 큰칼, 발, 마음
의 팽팽한 시위를 빨리 풀어내야 한다. 적 또한 모르는 사이에
활시위를 풀어놓을 것이다. 잘 연구해야 한다.

(21) 작은 빗의 가르침

작은 빗의 뜻은 엉킨 것을 푸는 것이다. 나의 마음에 빗을 지
니고 적의 묶인 곳을 그때그때 풀어야 한다. 묶는 것과 당기는
것은 비슷하지만 당기는 것은 강한 마음, 묶는 것은 약한 마음

이다. 잘 음미해야 한다.

(22) 박자의 간격을 아는 것

박자는 적에 따라 빠르기도 하고 느리기도 하다. 적의 마음이 느긋할 때는 큰칼과 함께 몸을 움직이지 말고 큰칼이 어디 있는지 눈치채지 못한 사이에 재빨리 공중으로 치켜든다. 이것이 첫 번째 박자이다.

적의 호흡이 빠를 때는 나의 몸과 마음을 일치시켜 적의 움직임에 따라 친다. 이것이 두 번째 박자이다.

또 무념무상(無念無想)이라 하여 몸과 마음이 칠 자세를 갖추고 공중에서 뒤로 강하게 치는 것, 이것이 무념무상이다.

또한 느린 박자라는 것은 적이 내려친 큰칼을 받을 때 매우 느리게 가운데로 가라앉히듯이 받아 그 사이를 치는 것이다. 잘 연구해야 한다.

(23) 베개 누르기

베개를 누른다는 것은, 적이 큰칼을 치고 나올 때 적이 치려고 하는 돌출부를 공중에서 누른다는 뜻이다. 누르려고 할 때는 마음으로도 누르고 몸으로도 누르고 큰칼로도 누른다. 이 이치를 터득하면 적을 치고 들어갈 때, 벗어날 때 유리하고 선수

(先手)를 쳐야 한다. 자주 만나는 병법이다. 잘 단련해야 한다.

(24) 기세 파악하기

기세를 파악한다는 것은 장소의 상태, 적의 기세, 사기의 충천과 저하, 얕고 깊음, 강약의 기세를 파악해야 한다는 뜻이다. 이는 평상시의 전략과 기세를 그때그때 간파하면 선수(先手)를 취할 때나 후수(後手)를 취할 때나 이길 수 있다. 잘 음미해야 한다.

(25) 적이 되어 보는 것

나 자신을 적이라고 생각하는 것이다. 1대 1의 싸움이건 많은 수의 싸움이건 그 도의 달인을 만나건 적의 심리 상태를 알아야 한다. 그것을 모른 채 약한 것을 강하다고 생각하고 도를 터득하지 못한 자를 달인이라 여기며, 소수의 적을 다수의 적이라 생각하면 적은 손끝 하나 안 대고 이득을 챙기는 것과 같다. 적의 입장이 되어 잘 분별해야 할 것이다.

(26) 잔심(殘心), 방심(放心)

잔심, 방심이란 때와 장소에 따르라는 것이다. 내가 큰칼을 쥐면 여유를 보여 적이 방심하는 틈을 타 상대를 친다. 또 적을 칠 때는 재빨리 일격에 친다. 잔심, 방심의 예는 여러 가지 있다. 잘 음미해야 한다.

(27) 모서리 치기

적이 큰칼을 갖추고 접근할 때 내가 큰칼로 맞받기도 하고 치기도 한다. 받거나 치거나 적의 모서리부터 공격한다고 생각해야 한다.

집단적인 전투에 있어서도 적의 상태를 잘 파악하여 돌출 부분을 친다. 그곳이 약해지면 전체의 세력도 약해져 사기가 꺾이는 것이다. 적을 치기 위해서라면 몸과 마음, 큰칼 모두에 있어서 늘 치려는 각오를 해야 한다. 잘 음미해야 한다.

(28) 교착시키기

이것은 승부가 나지 않을 때 그 국면을 벗어나기 위해 상대에게 몸을 밀착시키는 것을 말한다. 발, 허리, 얼굴까지 기술 좋게 달라붙는 것이다. 몸이 닿지 않는다면 여러 가지 자세를 취해본다. 적에게 붙는 박자는 베개를 누르듯이 조용해야 한다.

(29) 손을 내밀지 않는 몸의 자세

이것은 적에게 몸을 교착시킬 때 좌우의 손도 달리지 않은 듯이 몸체를 붙이는 것을 말한다. 상황이 불리하면 몸은 뒤로 빼고 손을 내민다. 손을 내밀면 몸이 뒤로 물러나게 된다. 그러나 왼쪽 어깨는 밀착 상태가 되어야 한다. 손이 먼저 나가지 않도록 한다. 적에게 붙는 요령은 앞과 같다.

(30) 키재기

키재기란 적에게 붙을 때 적과 키를 비교하듯이 온몸을 쭉 펴고 적의 키보다 나의 키를 더 높이듯이 한다. 몸이 붙는 요령은 전과 동일하다. 잘 음미해야 한다.

(31) 문짝의 가르침

문짝과 같은 몸이란 적의 몸에 붙을 때 내 몸을 최대한 넓히고, 적의 큰칼과 몸도 반듯하게 서게 하여 적과 내 몸 사이의 틈을 없애야 한다. 또 몸을 움츠릴 때는 어깨를 좁혀서 적의 가슴에 내 어깨를 강하게 부딪혀 적을 덮치는 것이다. 잘 연구해야 한다.

(32) 장수와 병졸의 교훈

장수와 병졸의 이치를 터득하여, 적을 병졸로 보고 나를 장수로 여겨 적에게 조금이라도 자유를 주지 않는 것이다. 적이 큰칼을 휘두르건 움츠러들건 모두 내 마음 내 지시대로 따르게 하여 적의 마음에 전략을 짤 틈을 주지 않아야 한다. 이것은 매우 중요한 사항이다.

(33) 자세가 있으면서도 자세가 없다는 것

'자세가 있으면서도 자세가 없다'는 것은 큰칼을 취할 때 반드시 정해진 형식이 있어야 하는 것은 아니라는 의미이다. 장소에 따라 때에 따라 어느 쪽으로 위치하여 칼을 겨누든지 구애받지 말고 결국은 적을 쓰러뜨리면 되는 것이다.

큰칼로 적을 겨누는 데도 상단 가운데서도 세 가지가 있으며 중단에도 하단에도 세 가지가 있다. 좌우 옆도 마찬가지이다. 잘 음미해야 한다.

(34) 바위 같은 몸

이것은 흔들림없이 강하고 굳은 마음이다. 스스로 만물의 이치를 터득하고 전력투구하는 것은 살아 있는 자는 누구나 가지는 마음이다. 무심한 초목까지도 그 뿌리가 단단하다. 비가 오고 바람이 불어도 항상 변함없는 마음이어야 할 것이다. 잘 음미해야 한다.

(35) 때를 아는 것

이것은 이른 때를 알고 늦은 때를 알며, 피하는 때를 알고 피하지 못할 때를 아는 것이다. 이치류(一流)에 바로 통하는 깊은 의미라고 할 수 있다. 이것은 구전한다.

만리일공(萬里一空)

이것은 글로써 나타내기 어려우므로 스스로 연구해야 할 것이다.

이상 35개조는 나의 병법에 대한 견해, 마음가짐에 이르기까지 대략적으로 기록하였다. 조금 미흡한 듯하나 모두 비슷한 것이다. 또한 검의 자세 등에 대해 구전하는 것은 기록하지 않았다. 더욱 부족한 것은 말로써 설명하겠다.

강에이(寬永) 18년(1641) 2월 길일

신멘 무사시(新免武藏)

무사시와 오륜서

미야모토 무사시의 생애

〈오륜서〉의 저술 배경

구마모토(熊本) 시의 서쪽 아리아케 해(有明海)가 바라다보이는 곳에 긴포 산(金峰山)이 있다. 최고봉이라야 해발 666미터 높이에 지나지 않는 이 산의 중턱에 운간사(雲巖寺)라는 절이 있고, 절 후미진 곳에 에이간도우(靈巖洞)라고 부르는 동굴이 있다. 이 동굴 안에 사면석불인 관세음보살을 모셔놓고 있는데 이름하여 이와토(岩戶) 관음보살이라 한다. 미야모토 무사시가 들어 앉아서 〈오륜서〉를 저술한 곳이다.

둘레는 울창한 고목의 숲이고 기암 위엔 이끼 긴 오백 나한이

무사시가 만년에 칩거하며 〈오륜서〉를 집필했던 동굴

즐비하여 심산유곡의 정기가 감돈다. "신과 부처는 거룩하나 나
는 거기에 의지하지는 않는다('독행도')"라고 한 무사시가 조용
히 파란에 찬 생애를 돌아보며 승부의 도를 요약하여 엮어내는
데 있어서 더할 나위 없는 곳이었다.

　미야모토 무사시가 〈오륜서〉를 저술한 것은 강에이 20년
(1643) 그가 죽기 2년 전, 나이 예순이 되던 해 가을이었다. 도
요토미 히데요시(豊臣秀吉) 멸망 후 30년 가까이 지났고, 도쿠
가와 이에야스에 이어 3대 쇼군 이에미쓰(家光)의 집권 20년, 산
긴고타이(參勤交代)제도[56]도 확립되어서 봉건국가 건설의 기초

작업도 거의 마무리되어갈 무렵이었다.

평생 아내를 맞아들이지 않았고 머리에 빗질을 하거나 목욕도 하지 않은 채 떠돌이 낭인의 길을 걸어온 무사시는 3년 전인 강에이 17년에 이곳 구마모토에 머물러 앉아 호소카와 다다토시(細川忠利)의 객원 노릇을 하고 있었다.

그는 서화를 그리거나 쓰고 불상을 조각하며 다다토시의 말벗을 하던 때라서 생활과 내면 역시 자못 원숙의 경지에 든 나날이었을 것이다. 그러한 사실이 무사시가 남긴 작품이며 기록에서 엿볼 수가 있다고 하나 그는 끝내 텁텁하고 수수한 인물은 되지를 못했다. 아니 되려고도 하지를 않았다. 그가 승부의 원리를 터득하려던 구도(求道)의 냉엄함은 와병중에 쓴 〈독행도(獨行道)〉에도 잘 나타나 있다.

무사시의 출생

미야모토 무사시는 62년의 생애를 통해 60여 차례에 걸쳐 승부를 했다고 하나 그것은 20대 말까지의 일이었다. 30이 지난 다음부터는 검을 휘두르는 승부를 한 일이 없다. 유명한 사

---

56) 막부가 제후들에게 과한 의무 가운데 하나로, 한 해 걸러 신하들을 이끌고 에도(江戶)에 올라와서 일정 기간을 머무르도록 한 제도.

사키 고지로(佐左木小次郎)와의 간류지마(巖流島)의 결투[57]도 무사시가 29세 때의 일이다.

무사시의 일생에 대해서는 그에 관한 문헌이 숱하게 있음에도 불구하고 그다지 정확치 않다. 확실한 것은 그가 〈오륜서〉에서 언급한 것뿐이라고 해도 좋을 정도이다.

무사시가 죽은 뒤 약 100년이 지나 가로(家老)들의 이야깃거리를 모은 〈니텐기(二天記)〉 등에 기록되어 있는데 역시 사실(史實)로서 미흡한 부분이 많다.

무사시 자신의 글에도 정확치 못한 점과 다소 과장된 것으로 여겨지는 구절도 있지만 '강에이 20년 60세'라는 유일한 근거를 역산해낸다면 그가 태어난 것은 덴쇼우(天正) 12년(1584) 도요토미 히데요시(豊臣秀吉)와 도쿠가와 이에야스(德川家康) 사이에 고마키·나가구테(小牧·長久手)[58]의 싸움이 있던 해였다. 혼노지(本能寺)에서 죽은 오다 노부나가를 대신하여 히데요시가 권력을 잡고 전국이 통일되어 가던 시대에 그는 세상에 태어난 셈이다.

---

57) 무사시와 사사키 고지로의 결투로 유명함. 사사키는 아키(安藝,지금의 히로시마 현 서부)의 모리(毛利)의 신하였다. 이름난 검객이었으나 이 섬에서의 결투로 죽었다.
58) 고마키 산은 아이치 현 서북부에 있는 산으로 이에야스는 여기서 오다 노부나가를 도와서 히데요시와 싸웠다. 나가구테 역시 이이치 현에 있는 마을 이름으로, 1584년 이곳 싸움에서 히데요시는 이에야스에게 패했다.

무사시의 조상은 하리마(播磨) 호족의 집안이었다. 조부인 히라타 쇼겐(平田將監)은 검과 짓테(十手, 에도 시대의 관리들이 휴대한 것으로 범죄자의 칼을 막게 만든 도구)의 명수였으며 미마사카(지금의 오카야마 현)의 다케야마(竹山) 성주인 신멘이가노카미(新免伊賀守) 밑에서 벼슬을 하고 주군의 성씨인 신멘을 받았다. 그후로 히라타 집안은 성을 신멘으로 바꾸었던 것이다. 그의 아들인 무니사이(無二齊)가 무사시의 아버지이다.

무니사이는 어떤 사연으로 벼슬을 버리고 미야모토 마을에 가서 살았다. 무사시는 이 마을에서 태어났는데, 미야모토 마을의 신멘 무사시가 곧 미야모토 무사시이다.

무사시는 어릴 적 이름을 벤노스케(辨之助)라고 했다. 일곱 살 때 아버지가 죽은 다음 누구한테서 어떻게 자랐는지는 알려지지 않는다.

무사시는 어렸을 때 아버지의 검법을 우습게 여겼던 것 같다. 아버지인 무니사이는 참다 못해 아들에게 이쑤시개를 던졌다. 무사시가 잽싸게 얼굴을 돌려 피하자, 무니사이는 발끈 성이 나서 다시 창칼을 던졌지만 무사시는 이것마저 날렵하게 피했다. 이런저런 일로 아버지의 노여움을 산 그는 집을 나가서 하리마에 이르러 승려인 외삼촌이 있는 절에서 살게 됐다. 그의 나이 겨우 아홉 살 때의 일이었다.

13살 때 무사시는 하리마에서 아리마 기헤에(有馬喜兵衛)와 첫 승부를 겨뤄서 이겼다. 그의 기록이 정확하다면 게이초(慶長) 원년(1596년) 도요토미 히데요시가 재차 조선에 출병(정유재란)하던 해이다. 당시의 일본은 아직 전국시대의 기풍이 거세게 남아 있어 세상이 어지럽던 무렵이었다. 그러니 놀랍도록 싸움을 잘하는 아이가 나타났다고 해서 이상할 것은 못되며 13살이라고 하나 열예닐곱으로 보였다는 기록도 있다.

아리마 기헤에는 칼과 창의 명수인 아리마 부젠노카미(有馬豊前守) 집안이었다. 기록에 보면 두 사람은 맞잡고 격투를 벌이는가 싶더니 무사시가 기헤에를 들어올려서 땅에 태질을 한 다음 그가 일어나려는 것을 목검으로 일격을 가했다고 한다. 기헤에는 피를 토한 채 절명했다고 한다.

열다섯살 되던 해 무사시는 다이코우(太閤) 히데요시가 죽은 것을 들어서 알고 있었을 것이다. 이 싸움 잘하는 소년은 공명심에 불타 있었음에 틀림없다. 천하를 누가 쥐느냐 하는 싸움인 세키가하라 전투는 마침내 동군(東軍)인 도쿠가와 이에야스 측의 승리로 끝났고, 3년이 지난 게이초 8년(1603년) 이에야스는 세이다이쇼군(征夷大將軍)이 되어 에도 막부 정치를 열었다. 이때 무사시의 나이 스무 살이었다.

요시오카(吉岡) 일문과의 결투

21세 되던 해 무사시는 교토에 올라가 요시오카 가문을 상대로 하여 세 차례에 걸친 결투를 했다. 이 역시 무사시 자신이 써 남긴 기록엔 보이지를 않으며 〈니텐기〉를 비롯해 숱한 무예담에 기록되어 있다. 요시오카 가문은 대대로 아시카가 쇼군(足利將軍) 가문의 검술 사범으로 널리 알려진 명문가였다.

첫번째 싸움은 요시오카 세이주로(清十郎)와의 시합이다. 장소는 렌다이노(蓮臺野, 교토의 북쪽)였다. 세이주로는 칼이고 무사시는 목검이었다.

무사시는 일격에 세이주로를 쓰러뜨렸고 그가 쓰러지자 그길로 자리를 떠났다. 세이주로는 문하생들에 의해 문짝에 실려 집으로 돌아온 다음 살아났지만 덴시치로(傳七郎)는 크게 노하여 무사시에게 결투를 신청했다. 그날 무사시는 짐짓 늦게 나타나서 상대를 초조하게 만들고는 목검으로 단번에 후려쳤다. 덴시치로는 두개골 파열로 그 자리에서 숨지고 말았다.

요시오카 가문은 이에 세 번째 도전하게 된다. 세이주로의 아들인 마다시치로(叉七郎)를 옹립한 제자 수십 명이 무사시의 상대였다. 결투 장소는 외곽의 사가리마쓰(下り松) 근처라고 약속돼 있었다.

이날 무사시는 아직 날이 밝기 전에 그곳에 숨어들었다가 또

늦게 나타나겠거니 하고 방심을 하는 적의 의표를 찔러 느닷없이 나타나서 단칼에 소년 마다시치로를 쓰러뜨렸다. 적들이 깨달았을 때 무사시는 근처에 있던 몇사람을 베어 쓰러뜨리고는 날쌔게 자취를 감추어버렸다.

잔인했으나 한몸으로 여러 사람의 적을 상대로 하는 싸움이다. 죽이지 않으면 자신이 죽임을 당한다. 이날 이후로 40년이 지나서 저술된 〈오륜서〉의 내용에 맞춰서 생각해보면 바로 그 점에서 무사시의 독특하고도 격렬한 승부도를 엿보게 된다. 어쨌든 승부는 승부일 수밖에 없는 것이다.

요시오카 가문과의 결투가 있은 다음 무사시의 연보는 게이초 17년 29세 때까지는 공백 상태가 이어진다. 여러 지방을 돌면서 여러 검객들과 맞닥뜨렸을 것임에 틀림없다.

사사키 고지로와의 대결

게이초 17년(1612) 부젠고쿠라(豊前小倉, 지금의 북규슈)에 나타난 미야모토 무사시는 태수 호소카와 다다오키(細川忠興) 밑에서 사사키 고지로와 결투를 하게 된다. 무사시는 아버지의 제자이던 나가오카(長岡)가 호소카와 밑에서 벼슬을 하고 있는 연줄로, 그를 통해 고지로와의 시합을 자청하고 나섰다. 무사시가 죽은 뒤, 그의 전기를 기록한 〈니텐기〉 가운데 그 부분에 대해 다음과 같이 묘사하고 있다.

  태수 다다오키는 두 사람을 고쿠라에 있는 외딴 섬에서 승부를 겨루도록 했다. 섬 이름은 '무코지마' 또는 '후나지마'라고 하며 부젠(豊前, 지금의 후쿠오카 현)과 나가토(長門, 지금의 야마구치현 서북부)와의 경계에 있는 섬이다. 고쿠라에서는 뱃길로 약 10리, 시모노세키에서도 같은 거리에 있다. 나가오카는 무사시에게 "내일 오전 8시 전 무코지마에서 승부를 겨루도록 하라. 간류우(고지로의 호)는 태수의 배를 타고 간다. 그대는 내가 배를 내줄 테니 타고 가라"고 일렀다. 무사시는 희색이 만면하여 소원이 이뤄졌음을 감사했다.

  그런데 이날 밤 무사시는 자취를 감췄다. 사람들은 "그러면 그렇지. 고지로의 뛰어난 검술을 전해듣고 겁이 나서 몰래 도망을 쳤겠지"하고 비웃었다. 나가오카는 한때 망연자실 넋을 잃고 있다가 이윽고 문득 깨닫고는 "도망칠 정도면 무엇 때문에 오늘을 기다렸겠나. 뭔가 속절이 있음에 틀림이 없다. 시모노세키에 닿은 이튿날로 이곳에 온 것으로 미루어 직접 시모노세키에서 섬으로 건너갈 셈이겠구나"하며 시모노세키로 사람을 보냈다.

  아니나 다를까 무사시는 거간을 하는 고바야시 다로자에몬(小林太郞左衛門)의 집에 머물고 있었다. 무사시는 나가오카가 보낸 사람 편에 이렇게 적어 보냈다.

「내일 아침 시합을 위해 제가 섬으로 타고 갈 배까지 내주신다는 고마우신 뜻을 감사하게 여기고 있습니다. 하오나 이제 고지로와 저는 적수가 됐습니다. 하온데 고지로는 태수님의 배로 온다 하오며 저는 나가오카 님의 배를 타고 간다면 나가오카 님께선 태수님에게 그 얼마나 거북한 노릇이겠습니까. 뜻은 고맙습니다만 이번 일만은 내버려두시는 게 옳을 줄로 압니다.

이 말씀을 직접 찾아 뵙고 드려야 할 줄 압니다만 아마도 들어주실 것 같지 않아서 잠자코 이곳에 왔습니다. 배를 내주신다 함은 거듭 사양하겠습니다. 내일 아침엔 여기 있는 배를 얻어 타고 무코지마로 건너가도 조금도 불편치는 않습니다. 능히 시간에 대어갈 수 있사온 즉 그리 알아주십시오.

4월 12일 미야모토 무사시」

이튿날 아침 무사시는 늦잠을 자며 해가 중천에 뜰 때까지 일어날 줄 몰랐다. 주인 다로자에몬이 걱정이 되어 "벌써 8시입니다"하고 깨우고 있는데 고쿠라에서 재촉을 하는 사람이 왔다. 무사시는 그때서야 자리에서 일어나 세수를 한 다음 아침밥을 먹고는 노를 가져오게 하고 그것을 깎아 목검을 만들기 시작했다.

그러자 다시 고쿠라로부터 사람이 왔다. 무사시는 겹으로 된 명주 옷을 입고 수건을 허리띠에 꽂은 다음 그 겉에다 무명옷을 걸치고는 다로자에몬의 머슴이 젓는 거룻배에 올랐다. 배 안에서 종이로 새끼를 꼬아 어깨에서 겨드랑이로 걸쳐 십자로 엇매어 옷소매를 걷어매고는 무명옷을 덮고 누웠다.

10시가 지나서 마침내 섬 해변에 닿았다. 무사시는 무명옷을 벗었다. 허리에 찼던 긴칼도 배 안에 남겨두고 단검만을 찬 채 옷자락을 높이 치켜올리고는 맨발로 배에서 내려섰다.

물가를 수십보 걷던 무사시는 허리띠에 꽂았던 수건으로 머리띠를 둘렀다.

이때 고지로는 석자 남짓 남짓한 큰칼을 차고 물가에 서 있다가 무사시를 보자 성난 목소리로 소리쳤다. "왜 늦었나! 겁이 났나?"

무사시는 묵묵부답이었다. 고지로는 더욱 화가 나서 칼을 빼어 칼집은 바다에 던지고는 무사시가 다가서는 것을 기다렸다. 무사시는 빙긋 웃으면서 말했다. "고지로, 그대는 졌노라. 이길 자가 왜 칼집을 버린단 말인가."

고지로는 불문곡직 칼을 머리 위로 번쩍 쳐들고 무사시를 향해 냅다 내리쳤다. 이 찰라 무사시가 휘두른 목검이 고지로의 머리를 직격했다. 고지로는 그 자리에 쓰러지고 말았다.

고지로의 칼끝이 스쳤는지 무사시의 머리띠가 끊어져 땅에 떨어졌다. 고지로는 쓰러진 채 옆으로 칼을 휘둘러 무사시의 명주 겹옷의 무릎 언저리를 세 치쯤 갈랐다. 무사시가 내리친 목검은 고지로의 늑골을 꺾어놓았다. 고지로는 이미 숨이 끊어졌고 입과 코에서 피를 토해내고 있었다.

무사시는 잠시 고지로의 상태를 살피다가 멀리 있는 검사(檢使)에게 꾸벅 절을 하고는 목검을 허리에 지르고 배에 올라 곧장 시모노세키로 돌아갔다.

구도의 방랑길

그후로 51세가 되도록 약 20년 동안 무사시의 사실적인 연보는 다시 공백으로 바뀐다. 아마도 이곳 저곳으로 구도(求道)의 방랑의 길을 떠돌아다닌 듯하다. 그동안에도 단편적인 일화는 전해지지만 분명한 경력에 대해선 남겨진 기록이 없다. 다만 오와리(尾張, 지금의 아이치 현 서부)와 이즈모(出雲, 지금의 시마네 현 동부)에는 잠시 머물러 있었던 것 같다. 이 두 고장에 니텐이치류가 퍼져 있었음도 바로 그런 연유에서였을 것이다.

고지로와 승부를 겨뤘던 두해 뒤, 이른바 오사카 후유노진(大阪冬の陳)[59]이 있었다. 이 무렵 무사시는 낭인(벼슬을 잃은 무사)들을 대대적으로 모집하던 오사카 성쪽으로 가담했다고도 알

려졌으나 이 역시 명확한 기록은 없다. 그렇지만 이 무렵을 전후하여 무사시는 검술을 겨루는 승부는 한 적이 없다. 그것은 〈오륜서〉 서문에도 분명히 나타나 있다.

본래 미야모토 무사시는 '소(小) 병법' 즉 검술만으론 만족치 않았다. 그는 '대(大) 병법' 즉 용병(用兵)의 도(道)를 터득하는 데 뜻을 두었다.

무사시는 에도 초기의 병법가 효조 우지나가(北條氏長, 1609 ~1670)와 교분이 있었고, 넓은 뜻에서의 병법을 배웠다고 한다. 우지나가는 손자병법에 관해 깊은 연구 업적을 남긴 인물이다. 무사시는 자기보다 스무 살이나 아래인 이 젊은 병법가에게서 많은 것을 얻었을 게 틀림없다. 〈오륜서〉 가운데 〈손자〉의 영향을 찾아볼 수 있는 것도 바로 그런 연유일 것이다. 구마모토의 무사 오기쓰 노베에(荻角兵衛)는 "큰 병법은 우지나가 님에게서 무사시에게 전수됐고 작은 병법은 무사시에 의해 우지나가 님에게 전해졌다"고 적었다.

무사시는 〈오륜서〉에서 작은 병법과 큰 병법을 구분해서 저

---

59) 세키가하라 싸움 후 이에야스가 트집을 잡아 1614년 오사카 성의 도요토미 군대를 공략했으나 실패한 전쟁.

무사시는 검객이기 이전에 서화에 능했고, 노장사상의 영향으로 도의 경지에 이른 사람이었다.
포대관투계도(布袋觀鬪鷄圖), 후쿠오카 시 미술관 소장

술하고 있다. 즉 1대 1의 승부와 여러 군사끼리의 전투가 그것이다. 반생을 소 병법으로 일관했던 그는 나머지 반생을 대 병법의 수련을 위해 바쳤을지도 모른다.

그러나 전란은 이미 끝나 새로운 시대가 열리고 정치 안정과 건설을 필요로 하고 있었다. 한낱 검객이던 무사시의 기량을 펼칠 곳은 이미 사라졌다. 그러하므로 무사시를 가리켜 '전국시대에서의 출세를 꿈꾸다 이룰 수 없었던 비극의 출세주의자'라고 규정짓는 견해도 있다.

그러나 역시 그는 금욕주의적이며 엄격한 구도자였다고 봐야

고목명격도(枯木鳴鵙圖), 이즈미 시 구보소 기념 미술관 소장

하겠다. 무사시가 검의 정신(일종의 합리주의 정신)을 갖고 치세(治世)의 도(道)를 생각하고 있었음이 분명하다.

말년의 무사시는 이런 이상을 구현할 곳을 호소카와에게서 찾았던 것인데 그에 앞서 무사시는 강에이 11년 51세 되던 해, 양자인 미야모토 이오리(宮本伊織)와 함께 고쿠라에 나타났었다.

평생 아내를 거느리지 않았던 무사시는 일찍이 데와노구니(出羽國, 지금의 야마가다 현 부근)에서 만난 고아를 양자로 삼았는데 이 고아를 고쿠라의 오가사하라(小笠原) 밑에서 벼슬을 하게 해주었다. 예전 고지로와 결투를 했을 때의 영주 호소카와는 그 전해 히고(肥後) 영주로 부임해 가고 고쿠라는 오가사하라 다다사네의 영지로 바뀌어 있었다.

이오리는 시마바라(島原)의 반란[60]에 대대장(侍大將, 무사 신분으로 한 군대를 지휘했다)으로 출전했고 훗날엔 오가사하라 밑에서 4500석의 녹봉을 받는 가로(家老, 에도시대의 중신으로 집안의 무사를 통솔하고 업무를 총괄했다)에 올랐다.

어쨌든 무사시는 고쿠라에 머물기를 6년, 강에이 17년(1604)

---

60) 1637~8년에 아마쿠사(天草) 및 시마바라(나가사키 현 동남부 도시)의 천주교도가 일으킨 난. 아마쿠사의 난이라고도 함.

2월 히고의 호소카와 다다토시(細川忠利)에게 초빙되어 객원 자격으로 구마모토로 갔던 것이다. 이때 그의 나이 57세였다.

호소카와와 무사시의 인연은 깊었다. 일찍이 고지로와 무사시를 겨루게 한 것은 당시 고쿠라의 영주 호소카와 다다오키였다. 다다오키의 아내는 유명한 기독교도인 가라샤 부인으로서 더욱 잘 알려져 있었다. 세키가하라의 싸움에서 호소카와 다다오키는 도쿠가와 이에야스 편에 가담해서 출전했다.

도요토미 히데요시 측근인 이시다 미쓰나리(石田三成)[61]는 다다오키가 뜻을 바꾸도록 하기 위해 가라샤 부인을 볼모로 잡아두려고 했지만 부인은 남편의 입장을 생각해서 자살을 하고 말았다. 다다오키의 아들이 바로 다다토시였다.

도쿠가와 막부는 강에이 9년 이 호소카와 다다토시를 고쿠라에서 히고로 발령했는데 이는 큰 의미를 지닌 처사였다. 본래 히고는 가토 기요마사(加藤淸正)[62]의 영지였으며 구마모토 성은 기요마사가 7년에 걸쳐 세운 것이었다. 기요마사가 죽은 뒤 막부는 트집을 잡아 그 영지를 몰수함으로써 위협적인 존재였던

---

61) 도요토미 히데요시의 총애를 받고 경제 고문으로 일했다. 후에 세키가하라 싸움에서 패하여 참수를 당함.
62) 도요토미 히데요시의 신하로 임진왜란·정유재란 때 조선을 침공, 선봉장으로 활약했다. 후에는 변절하여 도쿠가와 편에 붙어 히고(지금의 구마모토 현)의 영주가 됨.

다이묘(大名) 가운데 우두머리였던 가토 집안을 멸망케 한 다음, 믿을 수 있는 호소카와 다다토시를 이곳에 옮겨놓았던 것이다.

무사시가 명군으로 이름 높던 다다토시 밑에 기꺼이 의탁했음은 그의 서한 가운데 잘 나타나 있다. 호소카와의 초빙에 응한 무사시의 서한이 바로 그것이다.

1. 나는 여태껏 벼슬살이를 한 적이 없습니다. 나이도 들고 게다가 요즘은 병까지 앓고 있어 아무런 소망도 없소이다. 만일 저더러 구마모토에 와서 머물라 하신다면, 출정하실 때 나도 함께 출전하면서 사용할 만한 무구(武具)와 바꾸어 탈 만한 말 한 마리라도 있을 정도의 신분이면 족합니다. 제겐 처자도 없고 몸은 늙었으니 큰 집이나 가재도구 따위도 필요 없습니다.

1. 젊었을 때부터 전쟁에 여섯 번 참가했습니다. 그 중 네 번은 나를 앞서 나가는 자는 한 사람도 없었습니다. 그 사실은 널리 알려져 모르는 이가 없고 증거도 있습니다. 그렇다고 이것 때문에 좋은 대우를 받겠다는 것은 아닙니다.

1. 무구(武具) 제조법에 관해서는 여러 가지 싸움터에서 쓰일 것을 만드는 법을 알고 있습니다.

1. 때에 따라 나라를 다스림과 같이 하셔도 옳을 줄로 압니다.

이상은 젊어서부터 마음에 두고 수년 동안 단련해온 터여서 물으신다면 답신할 수 있습니다.

강에이 17년(1640) 2월 미야모토 무사시

이 서한에서 무사시의 심경이 잘 드러나 있다. 그 후로 다다토시와 무사시는 매우 깊은 사귐을 나누었다.

이듬해 2월 다다토시의 분부로 무사시는 〈병법 35개조〉를 써서 이를 바쳤다. 〈오륜서〉에 앞서 니텐이치류의 진수를 요약한 것이다.

그런데 〈병법 35개조〉를 바친 지 달포가 지나 다다토시는 병으로 급사하고 말았다. 무사시보다 네 살 아래인 54세였다. 주군의 뒤를 따라서 아베 야이치에몬(阿部彌一衛門) 등 19명이 순사(殉死, 따라 죽음)를 했다. 한데 그들 유족에 대한 조치의 불만으로 사건이 터지는데 이것이 이른바 아베 일족의 반란이다.

순사는 하지 않았으나 만년에 가까스로 얻었던 지기(知己)를 졸지에 잃은 무사시의 낙담은 매우 컸다. 그 후로 무사시는 울적한 나날을 보냈다고 한다.

그때부터 그는 몇몇 제자들에게 병법을 가르치는 것 외에는 세상을 등지고 서화·조각·다도 등에 전념하며 조용히 인격 수

양에 매진했다.

다다토시의 사후 1~2년 동안 무사시의 병세가 악화되는 듯했다. 그 즈음부터 무사시는 구마모토 교외 서쪽 3리쯤에 있는 긴포 산(金峰山) 서쪽의 운간사(雲巖寺) 동굴에 기거하면서 좌선수행을 시작했다. 그곳에서 강에이 20년(1643) 10월 초순, 하늘을 우러러 경배하고 관세음보살에 예불하여 이것을 거울로 삼아 〈오륜서〉를 저술하기 시작했다.

그러나 겨울철 동굴 속 움막은 노환을 한층 악화시킨 것 같다. 이것을 우려한 미쓰히사 부자(父子)가 의원을 파견하여 약을 투여하며 건강에 전념하도록 권고했지만 무사시는 거부했다. 그리고 쇼호 2년(1645) 봄에는 병세가 더욱 악화되어 손발을 움직일 수 없게 되었다.

이윽고 목숨이 다한 시기가 가까이 왔음을 자각한 무사시는 일체의 움직임을 중단하고 동굴에 칩거하며 임종의 시간을 기다리고 있었다. 그러나 세간에는 기괴한 소문이 나돌았고, 미쓰히사는 매를 풀어놓는다는 구실로 동굴에 들어가 무사시를 설득하여 집으로 돌아오게 했다.

곧 죽음이 다가왔음을 깨달은 무사시는 5월 12일, 친지에게 유품인 칼과 말안장을 선사하고 문하생 데라오 가쓰노부(寺尾勝信)에게는 〈오륜서〉를, 데라노 노부유키에게는 〈병법 35개조〉

를 전하고 〈독행도(獨行道)〉를 서술했다.

〈독행도〉의 내용은 다음과 같다.

1. 세상의 도(道)를 거스르지 않는다.

1. 일생 동안 욕심이 일지 않았다.

1. 내가 한 일은 후회하지 않는다.

1. 선(善)이든 악(惡)이든 남을 시샘하지 않는다.

1. 어떠한 이별에도 슬퍼하지 않는다.

1. 연모의 정 때문에 흔들려서는 안 된다.

1. 모든 일에 좋고 싫은 것이 있을 수 없다.

1. 제 몸 하나를 위해서 좋은 음식을 탐하지 않는다.

1. 소장품이 될 오래된 물건을 갖지 말라.

1. 도리를 위해 죽음도 서슴지 않는다.

1. 늙은 몸에 재물은 소용없다.

1. 신과 부처는 받들어도 의존하지는 않는다.

1. 항상 병법의 도리에서 벗어나지 않는다.

1645년 5월 19일 마침내 무사시는 세상을 떠났다. 유언에 따라 유해는 갑옷과 투구를 착용한 채 장례를 치렀다.

매장할 때 하늘에서 천둥소리가 울렸다. 구마모토의 옛 시가

미야모토 무사시의 묘

지에서 동북쪽으로 6킬로미터 지점 오오쓰(大津) 가도로 불리는 구도로 길섶에 삼나무 노목에 둘러싸여 울타리를 친 묘에 무사시가 잠들어 있다.

옮긴이

남자의 건강법
– 남자의 후반생을 행복으로 이끌어주는 지침서

남자의 50대는 성적 능력의 분기점이다

여기서 꺾이면 대부분 사람들은 그 후에도 능력을 발휘하지 못하게 된다. 반면 이 시기에 더욱 건강해지는 사람들은 평생 현역으로 섹스를 즐길 수 있는 행복한 사람이 될 수 있다.

40대 후반 무렵 저자는 심각한 정력 감퇴를 느끼고 고민에 빠졌다. 그 후 지푸라기라도 잡는 심정으로 남들이 "이것은 정력에 좋다"고 가르쳐주는 것이 있으면 동서고금의 것을 막론하고 우선은 믿고 실행했다. 그런 다음에 자신에게 맞는 것과 맞지 않는 것을 가려내어 맞는 방법만을 꾸준히 실행해서 62세가 넘은 나이에도 젊은이 못지않은 파워를 갖게 되자 자신감을 갖고 이 책을 쓰게 되었다.

이 책은 저자의 이런 경험을 담은 회춘 체험기이다.

다치카와 미치오 지음 | 박현석 옮김 | 값 14,000원

에드거 케이시가 남긴 최고의 영적 유산!

미국의 종교 사상가이자 '20세기 최고의 예언자'로 불리는 에드거 케이시(1877~1945)는 만년에 누군가로부터 "당신의 최대 업적은 무엇입니까?"라는 질문을 받았을 때, 주저하지 않고 "신을 찾아서(A Search for God)라는 텍스트를 이 세상에 남긴 일입니다"라고 대답했다. 케이시가 그의 생애에서 가장 큰 심혈을 기울여 완성한 〈A Search for God〉이 한국어판으로 번역되어 〈신을 찾아서〉 〈신과 함께〉 두 권으로 출간되었다. 영성을 추구하는 많은 사람들에게 "어떻게 살아야 하는가"하는 삶의 올바른 길을 제시해준다.

〈나는 잠자는 예언자〉는 '미국에서 가장 불가사의한 인물' 에드거 케이시의 유일한 자서전이다. 케이시는 24세때 갑자기 목소리가 나오지 않는 실성증에 걸려 그때부터 자신의 영능력을 발견하게 되었다. 케이시는 더 높은 영성의 지식을 얻고자 한다면 온전한 선(good), 즉 신(GOD)이 함께 해야 한다고 강조한다. 대우주의 커다란 영(靈)과 통하게 된 케이시는 지상의 인간에게 신의 목적을 이해시키는 채널로써의 역할을 자신의 인생의 대명제로 생각했다.

〈신을 찾아서〉 에드거 케이시 지음 | 김진언 옮김 | 값 14,000원
〈신과 함께〉 에드거 케이시 지음 | 김진언 옮김 | 값 13,000원
〈나는 잠자는 예언자〉 에드거 케이시 자서전 | 신선해 옮김 | 값 14,000원

뉴 엘리트

- 뉴 엘리트가 될 것인가?
- 올드 엘리트로 남을 것인가?

표트르 펠릭스 그지바치(구글 인재개발 부사장) 지음
값 15,000원

뉴 엘리트 / 올드 엘리트 체크리스트

		Yes	No
1	좋은 대학을 나와야 성공한다		
2	자녀가 14세에 창업한다면 지지해준다		
3	대기업 직원이나 공무원이 되면 인생이 탄탄대로		
4	사회를 변화시키는 것에 보람을 느낀다		
5	팀에서 가장 잘하는 사람이 리더가 되어야 한다		
6	내가 좀 손해 보더라도 남을 위해 헌신한다		
7	좋은 차, 명품 시계는 나의 성공에 대한 보상이다		
8	미니멀리즘을 지향한다		
9	기존의 계획을 착실히 이행하는 것이 성실함이다		
10	항상 새로운 배움으로 자신을 성장시킨다		
11	규칙을 잘 따른다		
12	기존에 없던 새로운 원칙을 만든다		
13	비슷한 성향의 사람들과 어울리는 것이 편안하다		
14	다양한 커뮤니티에 참여한다		

1,3,5,7,9,11,13 - 올드 엘리트
2,4,6,8,10,12,14 - 뉴 엘리트